李宏鎰 著

作者簡介

李宏鎰

長期從事過動症研究，獲邀過動症相關演講一百場以上

現任：中山醫學大學心理學系暨臨床心理學碩士班教授兼系主任暨所長

財團法人台灣赤子心過動症協會顧問

高雄市注意力缺陷過動症協會顧問

台中市政府特殊教育專業團隊服務人員

台中市鑑定安置審查委員

曾任：國立台中教育大學諮商與應用心理學系兼任教授

國立彰化師範大學諮商與輔導學系兼任助理教授

中山醫學大學學生輔導中心主任

高雄醫學大學行為科學研究所專任助理教授

聯絡方式：(e-mail) hoyih@csmu.edu.tw

自序

自上本書《遇見「過動兒」，請轉個彎》出版之後，不少家長希望進一步知道且有系統地學習如何有效教養自己患過動症的孩子，於是我推薦了相關的課程，也親自帶領了一次父母訓練團體的課程，以要領及實作方式引導父母如何實際著手，當個有效能的父母。結果參與的媽媽們都在事後及現今給予我許多正面的回饋，覺得自己與孩子的關係改善了，甚至大半孩子的學業及品行都進步很多。這些善果讓我更加相信父母訓練對過動兒的行為改變所占的影響力，並不亞於過動兒本身的訓練。成功的過動兒，背後不都是有位偉大的母親嗎？於是，我仔細將這些父母在實作過程中，實施的方式、獲得的結果，忠實呈現出來，供其他父母參考。所以，書中大量引用父母的所言所思，讓大家體認真實的台灣父母心聲。目的在勉勵父母，找到正確方向，有恆心毅力地去耕耘，你的孩子會改變的，只因他有能理解他且知道如何對待他的父母。

由於過動兒有逐年增加的趨勢，我從事過動兒的演講也近兩百場，可見學校老師相當努力在學習如何教導班上的過動症學生。這本書雖以 ADHD 父母為主，卻不限於父母，學校老師如能領會其中馴服過動兒的原理，亦能有效管理班上的過動症學生，正所謂師者如父。

2010 歲末

目錄

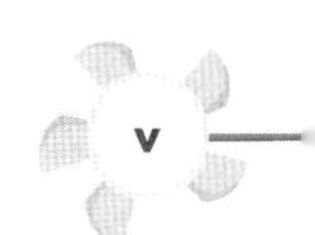

阿薛，不要亂動

上科任老師的課

阿薛是個沒有服用利他能或專思達等藥物的過動兒。在學校，阿薛在四年級班導師面前較乖，較少表現出 ADHD 的症狀，或是說來不及表現出 ADHD 的症狀，但是上一般科任老師的課時，就沒有那麼乖了，不是伸手東摸西摸，坐立難安地小動作不斷，就是發出聲音，大小聲地隨意亂叫。但說也奇怪，同學已經習慣這些干擾上課的行為，見怪不怪了。

特教老師（註 1）為了仔細了解阿薛的上課行為，非常辛苦地陪剛升四年級的阿薛一起上了一堂英文課。以下是特教老師對阿薛的觀察記錄。

今天班上有個同學理了個光頭，阿薛一上課就把注意力放在這光頭上，不斷起身要摸這個同學的光頭。一開始上課就不斷試著挪動位子到光頭同學的旁邊，要跟光頭同學並排坐。在短短 1 分鐘內，就讓阿薛得逞，摸了光頭三次。英文老師只好制止他，要求他與光頭同學要間隔一個位子。

開始上課了，英文老師在黑板上，帶著大家大聲唸起英文句子。阿薛只是不斷發出聲音，並沒有跟著老師的要求一起唸句子，反倒是開始伸手要弄坐在後面座位的同學，後面同學就反射性地將椅子往後移動，閃過阿薛的「攻擊」。此時，老師並沒有做任何處理，因為阿薛已經與後面座位的同學隔一張桌子了，阿薛伸手可及的範圍已經有限。

英文老師接著播放課本內容的 CD，同學很安靜地注意聽著，阿薛卻跟著 CD 鬼叫式的跟讀。老師仍然很鎮定沒有做任何的處理。

放完 CD，老師隨意發下習作的本子到一些同學的座位桌上，要同學幫忙發給大家。但同時，也分一些本子給阿薛發，只見阿薛高興地站了起來，準備發，但又順手摸了一下那位光頭同學的頭，隨即才拿起本子認真地幫忙發。發完了，又搶了一位還沒發完的女同學的本子要發。英文老師看到阿薛認真地發作業，不忘稱讚他。

阿薛聽到老師的讚美，很起勁地問老師：「要寫什麼作業？」

「大家聽CD寫作業。」英文老師邊放CD，同學們邊寫習作。

阿薛又要轉頭要找後面的同學，可是同學隔著一個空位之遠。未果，阿薛大叫：「誰要磁鐵？」又向後面的同學大叫，要同學後退。

「已經警告七次了，還剩下三次機會。」老師警告阿薛不可以大叫，會被登記。

老師開始與學生討論如何寫習作：「大家聽CD是否要寫出那個句子的句型，還是只要勾選？」同學沒有回應。老師繼續說：「我覺得只要勾選就好了，因為這是強調聽力，而不是寫句子。」

阿薛馬上插話說：「之前的英文老師說可以寫下來。」

「我知道，能力好的同學可以寫下來。但有些同學能力不是很好，不要造成他們的壓力。」

英文老師一解釋完，阿薛又離開座位，去摸光頭同學的頭。英文老師馬上警告他：「坐好！」

阿薛收斂了些。

過了一會兒，老師說：「寫完的同學可以來前面排隊改了！」

阿薛開始問同學要如何訂正？站起來看同學的答案，不然就是想拿同學的習作。被老師警告：「第八次。」

「我沒有答案要怎麼訂正？」阿薛大叫。

「下課可以來找我。」老師很平靜地回答，並向大家說：「習作交了的同學就可以下課了。」

阿薛離開座位，走去幫老師整理同學交出來的習作，並檢查看還有哪些同學沒有交，接著跑到還在寫的同學座位，催促他們要趕快交。最後，索性跑上講台，拿起麥克風，大聲嚷嚷著要同學趕快交習作。

英文老師看不下去了，制止他說：「老師只有請你幫忙整理作業，沒有要你催同學交作業。」隨即把麥克風搶回來。

終於下課了。阿薛馬上跑出教室，一個人跑來跑去，又跑進教室，不一會兒又跑出教室。看到兩個同學在玩猜拳，贏的人可以踏別人的腳一次。同一時間旁邊還有很多組同學在玩同樣的遊戲。在旁觀看的同學要求想要加入，阿薛也可以等待同學玩一個段落之後再加入，也可以遵守同學的遊戲規則，跟同學一起玩，不會有特別的意見。阿薛和同學相處並沒有多大的問題，這是很難得的。

以上是阿薛四年級上學校英文課及下課的情形，其實特教老師表示，因為隨班觀察當天，阿薛知道有人在錄影，所以行為已經收斂許多，平時上科任老師的課時，其實干擾行為很多，上級任導師的課時，干擾行為才比較少。

級任導師的辛苦

三年級時，阿薛上課時的干擾行為可比上述的隨班觀察嚴重多了。三年級時的級任老師表示（註 2），阿薛幾乎在每堂靜態活動的課程（除了閱讀課之外）及午休時間，都會坐在椅子上玩手邊的東西，如果沒有東西可以玩，就會玩自己的手、玩衣服、坐兩腳椅等等。甚至有回上體育課時，阿薛還抓了一把操場上的沙子往自己的頭上及身上倒。

除了做一些上述的「自我刺激行為」之外，阿薛上課時還會製造出各式各樣的聲音，包括：會搶答、大聲說話或找同學說話、玩弄東西發出聲音、學狗叫、吹口哨等。這種情況平均每週會發生在科任老師的課堂上三至五次，導師課則較少，每月只有兩、三次。

上課時，阿薛希望老師可以隨時叫他，讓他回答問題，如果老師沒有隨時叫他，他就會為所欲為做自己想做的事情，好比碰同學的東西、蹲在桌子下拉同學的腳、離開座位等等，並且完全不聽從老師的指令停止這些不當行為。老師表示這些不當行為可以持續35分鐘左右，幾乎整節課都是，直到給他操作性的事情做，他才會停止。但是，如果是看書，阿薛就可以維持很久的注意力。媽媽也表示，阿薛曾經一個人在書店看書達兩個小時之久。

針對阿薛上課時所表現出來的問題行為——動手東摸西摸，導師最常採取的策略是每3分鐘就制止他某個即將成形的不當行為，主要的目的是要讓阿薛知道老師是隨時在監控他的，這個方式有效，能讓阿薛較不敢輕舉妄動。而且，導師認為如果沒有在第一時間制止他，一旦問題行為成形，就很難制止了。當然，老師有時也

會對阿薛提問，或讓他有事做，來減少阿薛東摸西摸的行為；或是隔離阿薛，讓他沒有東西可以摸。除了東摸西摸的過動行為之外，針對阿薛上課不當的發出聲音或是講話的行為，導師最常做的策略也是「制止他」。所以，導師覺得好累，必須每 3 分鐘就板著臉，盯著阿薛。

相對的，其他科任老師就沒有像導師那麼辛苦，採取緊迫盯人的方式。而且，其他科任老師也接受阿薛爸爸在旁陪讀，因為有爸爸在，阿薛的干擾行為較少，且由一旁的爸爸代為管教。導師則堅持不要阿薛爸爸在旁陪讀，堅持以緊迫盯人的方式就可以讓阿薛上課專心，進入學習狀態。對於其他科任老師的作為，感到沮喪，為什麼大家不跟她一樣，採用緊迫盯人的方式，齊心努力，一起管教阿薛，如此，阿薛就可以改變自己的問題行為了。所以，級任導師覺得好累，需要心理醫師的協助。

其實，科任老師只是不想親自動手，而是假阿薛爸爸之手而已，阿薛上課仍然都是被一個人不斷盯著、要求著。

後來，在台中市特教中心的老師們及學校資源班老師的努力下，阿薛的班導師及科任老師們逐漸了解該如何帶領這位轟動輔導室的頑強學生。尤其是現任的自然科老師將「恩威並施」、「明定細則」及「賞罰分明」技巧，掌握得非常好，阿薛就聽話多了。

值得一提的是，對於 ADHD 兒童的過動行為，目前專家的建議策略都是採「疏導」而不是「壓抑」的手段。ADHD 兒童的過動行為一旦定時被引導到正向的行為活動上，如幫忙擦黑板、收發作業、到老師辦公室幫忙拿教具等等，就可以減少不當過動行為出現的頻率。

在家的樣子

媽媽表示阿薛每天在家寫功課時，寫不到 1 分鐘，或是只寫完一行字，就開始玩起手邊的東西，好比鉛筆、橡皮擦等。雖然依功課的量不同，完成的時間也不同，但是阿薛常常需要花上兩、三個小時以上才能完成，幾乎都得寫到睡覺前才能寫完。而且，還必須隨時在旁陪著、盯著，才能順利將當天的作業完成，造成家長很大的困擾。不過，值得慶幸的是阿薛沒有睡眠方面的問題，每天總是固定9點入睡，睡眠品質佳，通常一覺到天亮。食欲方面也很好，可以吃上一碗半以上，但是如果吃到甜食，問題行為就會更多，而且會持續兩、三天。

ADHD 兒童的睡眠問題在學界尚未有定論，有的 ADHD 孩童有難入睡的困擾，有些則沒有。當然，服用中樞神經興奮劑後的 ADHD孩童就比較有可能有輾轉難眠的困擾。至於甜食、人工添加劑，甚至碳水化合物等是否是導致 ADHD 的主因，則比較有定論了，目前學者排除這些特定食品是致病因子。但是，有可能存在個別差異，或者這些特定食品可能對某些個案是調節因子，仍會造成少部分的孩童表現出較多的 ADHD 症狀。目前治療 ADHD 的專家們僅建議「均衡飲食」對 ADHD 孩子的重要性，盡可能讓 ADHD 孩童涉取多元的食物，不要過於偏食即可。當然，碳水化合物的食物少吃為妙。

另外，令家人感到困擾的是，如果是在家，阿薛一旦正在做想做的事時，無論媽媽如何喊他，或警告他，或命令他，阿薛都不予

理會，甚至會擺出一張臭臉大聲理論，極力爭取。必須等到媽媽或爸爸強力執行，阿薛才能依媽媽的要求做事，這讓媽媽或爸爸相當生氣，加以指責且處罰他。平常在家阿薛則是隨時在找樂子做，不停地摸或玩弄家裡的任何東西，有時會破壞東西或製造很多噪音，干擾家人生活（阿薛還有個姊姊）。在外，阿薛過馬路等紅燈時，會不安分地在旁又跑又跳，有時可能會發生危險。這些都讓爸媽非常困擾。

除了級任導師之外，阿薛會怕的人就是爸爸，爸爸算是老來得子，所以阿薛與父親相差很多歲，爸爸已經是退休的公務員了。為了管教阿薛，爸爸甚至常到校陪讀，與老師一同管教阿薛。其實，爸爸非常用心，一大早會帶阿薛一起打籃球，再讓他去上課。而且，管教阿薛的方式也一直在修正，從以前的嚴厲打罵方式到現在較溫和一些的管理方式，真的相當用心。當然，對一位那麼年長的爸爸而言，要馬上改變他自身所曾接收過的傳統教養方式總是不易的。聽爸爸談論現在的管教方式時，仍然可以感受到爸爸對阿薛是懲罰多於獎勵。阿薛如果表現正常沒有出差錯，並沒有得到任何獎勵，而會被視為是理所當然的事。反之，一旦阿薛表現不好，就會被處罰。阿薛三年級的導師還觀察到，如果阿薛在家被爸爸處罰之後，隔天就會把氣帶到學校來，在校干擾行為就會變得更嚴重。父母的管教方式如何牽動 ADHD 孩子的情緒是本書的重點，在本書中的其他故事裡，將會詳細介紹 ADHD 父母及老師可用的策略。

註 1：有關阿薛上英文課的情形，都是摘錄改寫自台中市特殊教育資源中心的特教老師林阿英的隨班觀察資料。特此誌謝。

註 2：有關阿薛上級任課的情形及在家情形，都是取自阿薛就讀的學校資源班李老師對阿薛的級任老師及家長的訪談資料。特此誌謝。另為隱匿個案真實身分，不列出李老師的全名。

在家當老師的楊老師

楊老師的兒子目前就讀小四，小學一年級就曾帶到桃園地區的心智科看診，但第一次求診時醫師僅看班上老師及家長寫的評量表就給「利他能」，並沒有做其他的評估。所以楊老師半信半疑，只讓兒子服過一、兩次的利他能，即不放心讓他服用，之後一直到現在都沒有再讓他服藥，也並未再求助任何醫療機構，僅靠自己研讀相關書籍，改變教養方式。就讀四年級時，企圖採用坊間的訓練方案加強兒子的專注力，但費用頗高，半信半疑，最後並沒有完成所有的課程。偶爾仍然會懷疑小孩是否真的是 ADHD。

楊老師洋洋灑灑地寫信告訴我，她兒子林林總總的特殊行為：「我兒子從小就很好動、難帶，但個性單純善良，上課容易分心、搶話，平時動作很大，玩遊戲時容易興奮到忘了注意規矩，寫功課須一對一盯著，否則會寫很久，且表現出不耐煩的樣子。日常生活及上學要帶的東西也必須隨時提醒，否則會忘了帶，好比外套丟過四、五件。平常要一直提醒他『現在你應該做什麼？』早上，也要叫他起床好幾次。他聽力和記憶力很好，但是歸納能力則不佳，英文發音規則從幼稚園學到現在仍不熟悉，有時看著很簡單的英文字也拼不出來。」

「小三之前的老師都很有耐心，會稱讚他。但是升上小三時，可能因為老師較無經驗，總是在聯絡簿上數落兒子的不是，兒子在校被欺負也未得到妥善的處理，人際關係處理不佳，常生悶氣。作業常忘了帶回家、聯絡簿也沒抄、自信心低落，我主動與老師溝通，表示兒子『可能』是ADHD，希望老師多包容與鼓勵，可是老師認為以她過去帶過過動兒的經驗而言，他應該不是。」

一般社會大眾可能對過動兒的刻板印象是上課走動、愛頂嘴、人際關係差、沒禮貌，甚至會打人等與壞孩子有關的形象。其實，過動兒的個別差異非常大，有的符合《精神疾病診斷與統計手冊第四版》（*DSM-IV*）上的所有診斷標準，有的僅符合最低門檻六項。有的同時伴有其他偏差行為，如對立性反抗行為，甚至違規性行

為。有的則是同時伴有學習障礙。而楊老師的小孩只是純粹ADHD，沒有其他較負面的偏差行為或共病。所以，學校老師不覺得他是 ADHD。

後來楊老師與兒子溝通後，兒子表示自己希望能有一個新的開始，所以升四年級時幫他轉學到台中市的學校，當然自己也辭掉小學教職，舉家遷居到台中，在家專心陪伴他，目前親子衝突已減少，學校生活也尚可，但仍覺得不安。「每個老師都說他很聰明，但皮皮的。」

「我兒子被動、無時間觀念、忘東忘西、單純……，是我現階段較煩惱的問題，每天我得像個小蜜蜂般跟在他身邊隨時提醒，以往由於忙碌而感到壓力大，總是邊打罵、邊指導兒子做功課，現在已經慢慢在調整自己的教養方式。我也知道除了陪伴他成長，別無他法，教授如果有其他更好的方法，希望能教我們這些無助的家長！」

升上四年級之後，楊老師帶兒子到坊間私人教育訓練機構，做了一些強調增強小腦功能的訓練，號稱可以進而增強注意力。上了近半年之後，楊老師覺得兒子寫功課的狀況有些改善，但同時也懷疑有可能是現在用零用錢的鼓勵方式，加上從容的陪伴使兒子有所改善，實際上如何無法確定。

「希望教授可以提供更客觀的 ADHD 診斷方式，讓我在要求學校老師協助時能有所依據，但也怕遇到處理技巧不高的老師，反而將兒子貼上標籤，其實很矛盾。」

接受更多的評估及晤談只是可以提供更多客觀的資料，幫忙了解是否真的是因生理困擾而造成的問題行為。同時可以和同年齡層的其他孩子做比較，了解孩子優劣勢能力，做進一步的教育準備，不見得一定需要給學校老師參考，主要是讓輔導他功課及行為的照顧者參考，深入認識孩子。當然，學校熱心的老師如果也能理解，一起來協助孩子是最好不過了。

目前國內 ADHD 兒童的評估方式隨不同的醫療單位，而有不小的差異。有的醫師只是依照 *DSM-IV* 上的注意力缺陷及過動與衝動的行為描述（註），詢問一下媽媽（或帶孩子來看診的人），如果媽媽表示孩子平時有表現出超過六項以上的行為，醫師就診斷孩子為ADHD。但是，ADHD兒童的診斷標準不止於此，因此有些更謹慎的醫師則會請媽媽或爸爸（主要照顧者即可）填寫問卷，且再拿出一份問卷要媽媽帶回學校請級任老師填寫，下次再帶回來，同時會將孩子轉介給臨床心理師做進一步的評估。而臨床心理師的主要工作除了對孩子做相關的心理測驗之外，就是以晤談的方式，了解孩子心裡的想法及其他家人的看法，排除智力不足及其他情緒困擾等混淆因素。因為 ADHD 的核心症狀主要源自生理因素，而不是心理因素。切記，注意力不足與過動行為也可能由憂鬱、不安、躁症及其他情緒障礙等因素所引起。所以，我必須很誠實的說，在我的研究經驗中，為了大量蒐集正確的資料，確實有些孩子在一年前被某些醫療單位診斷為ADHD，於是參與了我的研究計畫，可是一年後資料總整理時，對一些極端的數據進行再追蹤確認，結果發現原來小孩不是過動症。媽媽就苦笑說：「他不是過動兒啊！他現在都很好啦！當初他就比較皮一點，所以才帶他去看醫生（醫生當年確實診斷為 ADHD）。」

對兒子的剖析

從楊老師對兒子的描述裡已經了解到，他兒子的行為表現符合 ADHD 的診斷標準。首先，兒子過動的症狀從小就有，且吻合 *DSM-IV* 所界定的項次。再者，家庭功能很好，爸媽平時都很和善、感情和睦，與妹妹間也沒有特別的衝突。其次，兒子的分心、過動、衝動行為，在校上課及在家寫功課都可觀察到，且這些行為已經造成老師及媽媽教養的困擾。但是，他沒有對立性反抗行為或是學障等其他常伴隨 ADHD 兒童的疾患。尤其，就學理上而言，絕大部分的過動症患者都是額葉功能不佳所造成，而人類的額葉主要負責執行功能，即組織、協調、計畫以達目標的能力。執行功能運作過程中，會動用到很多小能力，例如：工作記憶：必須將目標牢記在心，做事過程中，不斷記得已經做過什麼，接下來要做什麼；抑制能力：做事過程中，會有無關的突發事件發生，必須將之忽略或排除；彈性能力：做事過程中，總會有不如意的事發生，必須有彈性地採用其他步驟取代之，以達目標。細心的楊老師已經觀察到

兒子的執行功能不好，「他聽力和記憶力很好，但是歸納能力則不佳。」「沒有時間概念。」

所以，我覺得楊老師的小孩是典型的ADHD。楊老師也已經做了很多改變，尤其是了解到「打罵方式」不足以改變兒子，且改採鼓勵方式陪伴兒子。雖然用零用錢當獎勵品有點不妥，但對我而言，這已經是很好的開始，且長久之後，孩子就會改變，親子之間的衝突就會減少，這就夠了。此外，由於楊老師同時帶兒子到私人機構，做了訓練小腦功能的課程。我就沒有再強調其他訓練ADHD的方法了。雖然我對小腦訓練有助改變 ADHD 症狀的想法有所保留，但我也不會刻意阻止家長帶孩子參加。

困擾楊老師的事

既然楊老師已經知道兒子是ADHD，也辭職在家，正改變教養方式對待他。那楊老師的困擾是什麼？所以，評估完後幾天，我再次詢問楊老師，現在兒子最讓她困擾的地方是什麼？楊老師又開始洋洋灑灑列了一堆：「兒子現在在家最令我們頭痛的就是沒耐心（有興趣的事例外）。不會安排自己的時間，對時間的概念較弱。無法同時記得好幾件事，交代的事得不斷提醒否則會做這事、忘那事。他好像不會過馬路，有幾次會不注意左右是否有危險就急著往前走。有時跟他說話很容易會被他激怒，比如在教他數學時他會急著表達他的想法，我們知道他想錯了，希望他能停下來聽我們講解時，他會不想停，表現很不耐煩，怪我們不聽他說，接著就開始擺臭臉，愛理不理的。還有其他小事：如沒責任心、不在意個人服裝儀容整潔、動作拖拖拉拉、不夠敏捷、走路會東摸摸西碰碰的。有一次在便利商店櫃檯前結帳時，他突然手就直接伸到店員旁的小架子要拿集點券看，還被店員訓了一下。受到挫折或責罵容易生悶氣等等。其實很難說出最困擾的是什麼，因為是很多行為合起來的困擾。」

其實，楊老師的兒子表現出的行為仍然是 ADHD 的主要及次要症狀所延伸出來的問題行為。楊老師可能還沒有體認到ADHD的許多核心症狀是難以改變的，尤其在不服用相關治療藥物的情況下，家長必須接受與孩子的 ADHD 症狀相處的事實，寬容地看待他的行為症狀。但是，課業學習、成績表現及生活常規是可以改善的。

就核心症狀而言，楊老師的兒子表現出的注意力不足症狀包括：沒耐心；無法同時記得好幾件事；交代的事得不斷提醒否則會做這事、忘那事；不注意左右就過馬路；上課容易分心；在家寫功課須一對一盯著，否則會寫很久。「日常生活及上學要帶的東西也必須隨時提醒，否則會忘了帶等等。」如果以能量或資源的觀點而言，ADHD 兒童的注意力資源有限，我常說他們的注意力電池有限，因此，他們常常只能把現有的少量電池（資源）集中在某些事物上，造成完全注意不到，處理不來其他事物。所以，他們常顧此失彼，楊老師的兒子才會表現出上述的許多行為。而且，必須提醒父母的是此注意力不足的症狀會一直持續到成人。曾經有一位事業有成的ADHD成人告訴我：「現在我仍然每天與它（ADHD症狀）掙扎，有一天中午到便利商店買便當，結果回到實驗室，才發現我的便當不見了，還在便利商店的微波爐內。我好氣店員竟然沒有跟我說，就讓我走了。」

針對過動行為，楊老師現在對兒子的描述就相對很少，只有「平時動作很大，玩遊戲時容易興奮到忘了注意規矩」；「走路會東摸摸西碰碰」。但是，楊老師一開始就有提到兒子從小就好動、難帶。這是可以被理解的，因為只有低年級的 ADHD 學童才會在上課時，表現出離開座位等過於異於同學的行為。年級愈大的 ADHD學童會慢慢收斂起過動行為，而轉變過動形式，例如：被要求長時間坐下時，起身走動的行為會改成坐著抖腿或晃椅子；站在操場上集合時，就發呆想自己的事。

最後，衝動症狀可區分成思考衝動與行為衝動，思考衝動常見於急於表達自己的想法，停不下來。因此在學校上課時，經常沒有聽完老師的問題，就回答出錯誤的答案，被同學笑；跟同學玩時，也常沒有聽完同學的講話內容，就插嘴說東道西，被同學笑「白目」，造成人際關係不好。楊老師的兒子就是在楊老師「教他數學時，他會急著表達他的想法」。行為上的衝動常表現在不顧危險，直奔想玩的場所；不願排隊，沒有耐心等候；看到想要的東西就直

接伸手拿，因此常因未經他人允許而被罵，或是急著做下一件事而打翻杯子，飲料灑得滿地等等。楊老師的兒子就是「突然手就直接伸到店員旁的小架子要拿集點券看。」「好像不會過馬路，有幾次會不注意左右是否有危險就急著往前走。」

就 ADHD 的次要症狀而言，楊老師的兒子表現出最明顯的就是「工作記憶不足」，ADHD 患者無法暫存很多事情在心裡，因此不能同時記住老師或爸媽交代的很多事，因此常「無法同時記得好幾件事，交代的事得不斷提醒否則會做這事、忘那事」。所以，學者建議我們只能一次交代 ADHD 兒童一件事，完成之後再做另一件事。

但是，有時 ADHD 孩童的工作記憶問題不只顯現在執行所交代的事情上，還表現在事後回溯時發生困難。「五年級時，老師發現同一件事有時得重複提醒他好幾次。其實在家亦同，有時叫他，他也常沒在第一時間回應，我們常懷疑他是否是故意的，或者有時我或爸爸跟他說過的話或約定的內容，他會很堅定的跟我們說，他沒聽我們說過。有時他不小心做錯事，倒是會先替自己找理由，但我發覺有時他似乎沒辦法很流暢、有邏輯的向我們表達或描述一件事。」楊老師對兒子這樣的現象，很困惑。

這至少包括兩種現象在裡面，首先，ADHD兒童本來就比較容易出現恍神狀態，可能在發呆，什麼事都不想，也可能在作白日夢，想得正精采。所以，此時對於旁人的問話，沒有多大反應，或是一時回神不過來。背後的原因可能是他們的注意力資源較少，一旦沉浸在自己心之所向的想像之中，就沒有剩下多少注意力資源可以用來回應外在事物了。所以，他們的注意力分配情況顯得很差，似乎採用全有全無的方式進行，對自己感興趣的部分，全力以赴，無暇關心其他；對自己不感興趣的部分，無需付出，連一丁點注意都沒。一旦對事物沒有「注意」，當然就更枉論「記憶」了。因此，如果要交代 ADHD 兒童事物，必須清楚地配合身體語言，拍他身體、看著他眼神，再下達指示，而且還要他複誦指示。得一副慎重其事的樣子才行。此外，就說話表達困難方面而言，可能是因為急、衝動，寫不出字來，說不出詞來，這都是 ADHD 患者常見的現象。當然，目前學者對 ADHD 患者的此現象，尚未定論，且研究甚少。

再加以他們組織能力較弱，無法有效計畫及安排時間。所以，學者建議必須與 ADHD 兒童一起安排作息時間，明訂時刻表，提醒及要求孩子按表操課。

目前學者認為 ADHD 的核心症狀較難因教養訓練而獲得改善（藥物治療的效果仍是最大），反倒是次要症狀較易因教養訓練獲得改善（Purdie, Hattie, & Carroll, 2002）。因此，學校老師及父母須較寬容地接受 ADHD 的核心行為症狀。

自我覺察的能力

楊老師的兒子長得比一般四年級的同學來得高大，所以楊老師說他下課經常跟六年級的同學一起打躲避球，六年級的同學還跟他說：「你現在四年級就可以打躲避球打得這麼好，到六年級就會更厲害。」爸爸說，也許是這樣的讚美，兒子就很喜歡跟高年級的同學玩。因為，他在班上並沒有要好的朋友，已經到新學校半年多了，同班同學的名字還記不太住。

利用評估過程的休息時間，我帶楊老師的兒子到校園走走，問他平時最喜歡做什麼運動。「棒球！」他非常立即且肯定的回答。隨即手上秀出一個粉紅色的球，這是一個特別材質的球，它是海綿做的，要輕不輕，要重不重。只見他隨手用力往前丟，撞到牆壁便輕輕的落下，可看出這是用心的媽媽給的球，這樣就不會亂搞砸東西了。後來我要求他往前方的樹幹丟，看可不可以丟中樹，他奮力一丟丟歪了，但再試一次，他丟中了，這次他說：「這不能太大力，有時要小力一點。」後來，他再丟一次，用更小的力氣，只見海綿球在到達樹前早就掉下來了，但是他看到了並沒有氣餒，只是默默地撿起來。這是可喜的，表示他有自省能力，知道該如何控制力道才能達到目標。如果可以多讓他體會「控制力道，才能做好每一件事。」那他就可以控制自己了，尤其是衝動的行為。

我又問他：「你知道今天為什麼爸爸、媽媽要帶你來找我嗎？」他說：「不知道。」楊老師表示，現在他們都不敢跟他說他是過動兒，因為怕他自貼標籤。

這是許多過動兒媽媽的困擾，到底該不該告訴孩子：「你是過

動兒？」因為，很多老師覺得如果學童知道自己是ADHD，他們就會在被指正時，理直氣壯地說：「我是過動兒，所以我本來就會這樣。」但是，他們所知的「過動兒」可能不是正確或完整的概念。很多家長則會覺得孩子如果知道自己是ADHD，可能會自卑，或是自我放棄。

可是，我們卻也常聽到不少青少年及成人，在獲知自己是過動症患者時，心中如釋重負，終於對過去的自己有了理解，原本負向的自己，開始轉變成正向的自己。過去那個常被老師和同學取笑、排斥的自己，其實是因為受到過動症困擾使然，而不是自己做得不好。於是，他們開始找方法跟自己的症狀相處，想盡辦法讓自己的行為表現盡量「正常」，這就是長大後的 ADHD 患者。所以，愈大的孩子、愈有自省力、愈想改變自己時，一旦知道自己是ADHD患者後，對ADHD（自己）症狀行為的認識，將有助於幫助他們了解自己，結果通常是正面的。

因此，我的建議是，無論是孩童或是成人都須自我了解。也就是，促進 ADHD 患者「自我覺察」，對他們都是有益的。由於在學童的世界裡，對「過動兒」已經有相當負面的看法，孩子一旦背上過動兒這標籤，一定會被同學取笑、被老師用異樣眼光看待。所以，在中、小學期間，不見得一定要明白的向孩子介紹「你（他）是過動兒」，但是，可以跟他們討論自己的症狀行為，讓他們知道、了解自己跟別人不一樣的地方。例如：「你有沒有發現每次下課，你總是衝第一，老師都說：『你快下課時，腳都先伸出桌子外了。』」「你覺不覺得你騎車都會騎過頭。為什麼？」等等。然後，跟他一起討論，可以怎麼做，別人是怎麼做，你又想怎麼做。雖然，他會說：「*我沒辦法控制我自己，我就是做不到。*」千萬別放棄，繼續將他的行為回饋給他，讓他覺察，進而思考。他愈大愈會想出法子與自己的症狀相處。一位國三的 ADHD 青少年，可以很明確地向我表示，他會把老師交代的事寫在紙條上，放在口袋，回到家，他會習慣性地清口袋裡的東西，這樣他就不會忘記老師或自己回家要做的事了。又有一個小六的 ADHD 孩子告訴我，當他晚上在課輔班寫考卷時，藥效退了開始覺得同學的聲音很吵時，他會捲起衛生紙當作耳塞，塞進耳朵，阻止自己分心、被干擾。所以，培養孩子的自我覺察能力相當重要。可以幫助孩子了解自己，且進一步找到因應自己症狀的策略。

楊老師覺得孩子「學習動機不強，生活行為閒散。」這可能是他對自己的症狀仍然沒有清楚的覺察，或是已經知道自己和別人不一樣的地方，但是仍然束手無策。有時，孩子也想記起教訓，重新振作，做到媽媽希望的那樣，可是他就是沒有辦法。如果你問他們，他們會無奈地說：「我就是辦不到，我沒有辦法控制我自己。」所以，除了自我覺察之外，他們還需要將所要學習的行為養成習慣，才辦得到，而這需要花上一段滿長的時間。當然，將所要學習的行為變得有趣、生動些，他們的學習動機就會更強。

情緒困擾與人際困擾

很多學校老師都會問，為什麼診斷 ADHD 的症狀行為只有注意力不足、過動與衝動，沒有情緒方面的症狀描述，那為什麼過動症又屬於特教法的情緒障礙？楊老師說：「在教他數學時，他會急著表達他的想法，我們知道他想錯了，希望他能停下來聽我們講解時，他會不想停，表現很不耐煩，怪我們不聽他說，接著就開始擺臭臉，愛理不理的。」「受到挫折或責罵容易生悶氣。」

最近，有學者提出一個整合性的模型來解釋 ADHD 兒童的所有常見症狀，如圖 1 所示（Sonuga-Barke, 2003）。這是一個雙路徑模型，它整合了執行功能異常（executive dysfunction）及嫌惡延宕（delay aversion）兩大論點，如此一來，可廣泛解釋ADHD所表現出來的大半行為。在這模型裡，ADHD被視為是兩條分離的心理—生理路徑所造成的結果，這兩條路徑調節不同的心理歷程，且由不同功能的大腦迴路所負責。圖 1 左半描述 ADHD 是一種認知、行為及認知能量狀態失調的疾病。此失調造成 ADHD 兒童無法修正自身的行為、想法及感覺，使得他們無法遵守社會與理智的要求，而產生該情境下的障礙，如課堂適應障礙。ADHD兒童經常被視為是執行功能異常，執行功能指的是一高層的、由上而下的認知歷程，它可適當地維持或轉移心向（看待事物的習慣方式），以促進目標的達成。執行功能的內容通常包括：計畫、反應抑制、心向轉換及工作記憶（working memory）等能力。由於 ADHD 與執行功能之間具高相關，因此許多學者都認為 ADHD 就是典型的執行功能異常之疾患。然而，ADHD兒童並不是每一項執行功能的子能力都受損，反應抑制子能力是他們目前最明顯受損的能力。

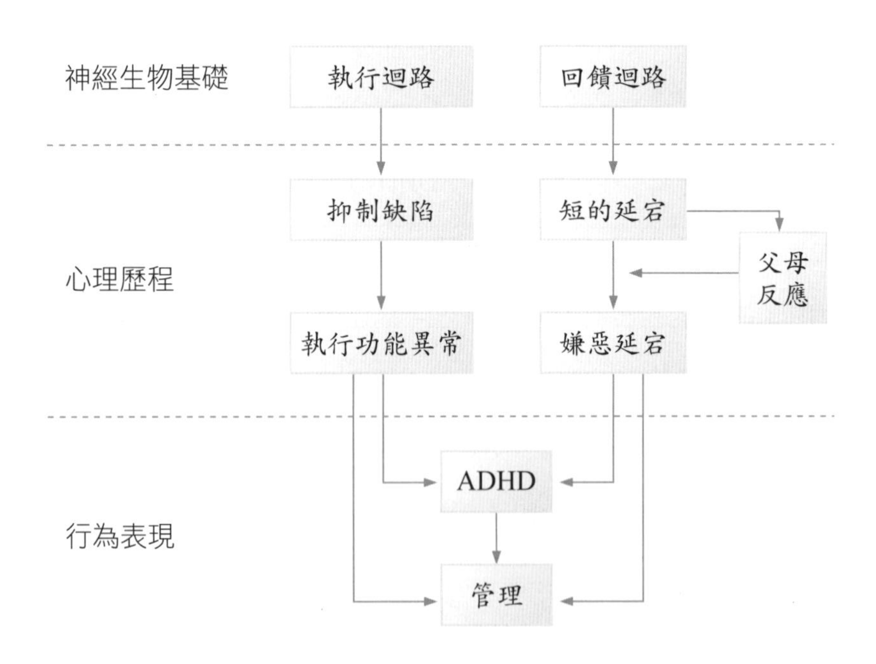

圖 1　ADHD 的雙路徑模型。左半是執行功能迴路受損，右半是回饋迴路受損。

研究 ADHD 的知名學者 Barkley 就因此認為，與 ADHD 有關的一般執行功能受損情形其實都是根源於抑制能力受損。Sergent更進一步將 ADHD 患者執行功能受損的情況，擴大解釋到他們在真實生活中的調節能力不足，他認為執行功能是對認知能量資源的整體控制，ADHD就是無法調節生理狀態以符合不同情境的要求。所以，ADHD 無法調節生理的活化狀態，以維持長時間的努力。當ADHD面對外在刺激呈現得太慢或太快都會適應不良，太慢會使他們的生理活化狀態過低，顯得沒勁；太快又會使他們生理的活化狀態過高，顯得太激動或興奮。以上都是執行功能受損造成ADHD種種行為的解釋。但是，其他類型的兒童疾患（例如：自閉症、智障）有執行功能受損的情形，可是他們未必表現出ADHD的症狀。可見，ADHD 不應只是執行功能受損所致。

圖 1 右半則是描述 ADHD 另一面向的受損。也就是，他們的回饋處理歷程不佳。簡單而言，就是 ADHD 患者嫌惡等待，他們經常逃避需要等待的事，他們對延宕非常敏感，因而無法為想要的結果做等待，也無法長時間做努力，顯得沒有耐心。所以，如果可

以不用等，ADHD 孩子一定不等，因而表現出衝動的症狀。當 ADHD 孩子無法逃避他們必須等待的情境時（如上一堂無聊的課），他們會分配部分注意力到環境中的其他有趣情境去，以便「加快」時間的流逝，如此就可以逃避對延宕的痛苦感受。反之，當他們不能轉移注意力時，他們就會在當下情境，做出一些自我刺激的事，如作白日夢、玩或咬自己的手及坐立不安等等。所以，平常就會觀察到 ADHD 兒童在等待期間活動量或不專心的情形都會增加，這也就是 ADHD 的過動及注意力不足的症狀。這些行為可能與抑制能力受損沒有關係，與較短的延宕回饋有關（如圖 1 右半所示），這使得 ADHD 對未來的回饋（賞罰）大打折扣，而較喜歡立即性的獎賞。Sonuga-Barke 認為 ADHD 患者可延宕的時間長短與文化要求有關，尤其是，父母親對孩子的衝動行為如果無法包容，給予嚴厲的處罰，將使孩子更嫌惡延宕，對「等待」有負面的感受，終至表現出注意力不足及過動的症狀。可見，父母親對 ADHD兒童的管教態度及方式影響甚鉅，不得不小心。而且，部分學者及教育者應致力於推廣父母親教養ADHD兒童的知識與技巧，

ADHD 兒童才能獲益，這也是我努力的方向。

升上五年級的改變

楊老師又說：「學校部分，經詢問老師，老師表示她觀察到的主要問題有兩個，但也都互相影響，一是他容易情緒化，不大反省自己，會怪別人，不懂得如何適當地宣洩自己的情緒，會對老師或同學生悶氣。剛好學校輔導室有關於孩童如何情緒管理的課程一週一小時，是屬於小團體的課，輔導老師會幫楊老師的兒子報名。另一個問題是人際互動較弱，不容易融入一個團體，有時同學會覺得他怪怪的，比如老師上課正在講解時，他會常常突然舉手要表達他的想法，但時機不對，常打斷老師的話！同學可能聽得正精采，就會覺得他怎麼會如此，老師也覺得他有點怪，但又很難說出是哪裡怪。所以他的人際關係我也滿擔心的！」

於是，楊老師的兒子在四年級下學期，參加學校輔導室安排的情緒管理課程，楊老師的兒子表示內容大概是包括：說話的態度、

情緒的控制、凡事往好的方向想及結交朋友的方法等等，但是，是透過布偶、遊戲等方式來學習。楊老師的兒子覺得還不錯！楊老師則沒有特別的感覺，但覺得兒子在台中就讀這一年來是有慢慢地在進步中。

「升上五年級後，新任老師說我兒子從學期初到學期末看得出有進步，學期初老師發現有時會有好幾個男生同時一起指責他不是的情況發生，但是到了期末這種情況就較少了。五年級時他常因上課講話或午睡不睡而被罰寫，還好期末時加入排球隊，中午可以不睡覺去練球，被處罰的次數就減少了。」

楊老師覺得兒子很大方，也很喜歡主動跟人互動，是他的優點。但是兒子講話及行為仍不夠沉穩，期待他能隨著時間與不斷的提醒而愈來愈成熟、穩重。

此外，就課業學習方面而言，楊老師的兒子四年級下學期之後，就沒有再去上所謂訓練小腦功能的課程了，因為楊老師認為兒子寫功課的速度已經較以往快，雖然還是得給他誘因。升上五年級之後，楊老師的兒子對自然課也開始很有興趣，會主動看百科全書。雖然，對其他科目尚未培養出主動學習的態度，但對楊老師替他安排的補習課程——考私校的國語和數學課，倒也不排斥，也覺得還算有趣，只是仍然不會主動複習，以至於每次補習班的小考，分數常懸在平均分數以下一點點。整體而言，升上五年級之後，楊老師與兒子之間為功課而起的衝突愈來愈少，母子關係比起中低年級時，好很多。

註：過動兒的診斷標準。根據《精神疾病診斷與統計手冊第四版》（*Diagnostic and Statistical Manual of Mental Disorders, 4th edition*，簡稱 *DSM-IV*）的標準，有關注意力缺陷及過動—衝動的症狀界定標準分別如下：

（一）注意力缺陷的症狀（要有六項以上，且持續六個月以上）

1. 對學校作業、功課或其他活動經常無法留意細節或粗心犯錯。

2. 維持注意力在作業或遊戲活動中經常有困難。

3. 跟他說話時，常常沒在聽。

4. 對指定的事經常無法堅持到底，對學校作業、家事或工作中的責任事項也常無法完成（並非因為反抗行為或不了解命令的內容）。

5. 對他安排工作與活動常有困難。

6. 對需要持續專心從事的工作（如學校或家庭作業）常會逃避、厭惡或做得不甘願。

7. 常弄丟工作或活動所需的物品（如玩具、作業本、鉛筆、書或工具等）。

8. 經常受到外來刺激的吸引而分心。

9. 在日常活動中經常健忘、疏忽。

（二）過動—衝動的症狀（要有六項以上，且持續六個月以上）

1. 經常在座位上動手動腳或不安分的蠕動。

2. 經常在教室或其他需要坐好的場合中離開座位。

3. 常常不顧場合，過分地跑跳攀爬。
4. 常常不能安靜地玩遊戲或從事休閒活動。
5. 常常處在「蓄勢待發」的狀態或是動起來像是有馬達驅動一樣。
6. 話經常說得太多。
7. 常常問題還沒聽完就衝口說出答案。
8. 常有困難排隊等候。
9. 經常打斷或打擾別人（例如：打斷別人的談話或進行的遊戲）。

以上是症狀行為的界定標準，但是，ADHD兒童的診斷標準不止於此，還須考慮其他重要的因素，例如：(1)至少有部分過動、衝動及注意力不足的症狀在7歲之前即已出現；(2)至少有部分症狀在兩個或兩個以上的不同情境皆會出現；(3)所表現出來的症狀必須造成明顯的社交、學業或工作上的損害；(4)必須和廣泛性發展障礙、精神分裂症、焦慮症、解離症、人格疾患等等做區辨。

我兒子是美術資優生，他會打人

趙老師的眼淚

有一回，我在中部某個小鎮演講，一下演講台，本急著想趕回學校開會。可是，台下的一位女老師，快速地走向我，當她愈接近我時，我就看她的眼眶漸漸泛紅，最後終於潰堤，眼淚奪眶而出，她隨即用衛生紙拚命掩飾，可是好難，身子仍不聽使喚抽搐了起來。不用問，我大概也知道她吃了多少苦，那種跟孩子和孩子的老師不斷征戰殺伐的日子，真的難與一般父母道之。

當我想找個地方讓她掩蓋潰堤的心情時（因為台下還有很多老師），校長這時趕忙引領我們到三樓的校長室，讓這位老師（一位疑似過動兒的媽媽）可以好好地說。上樓梯時，看她眼淚還是一直掉，我忍不住輕拍她的肩膀，安慰她：「很辛苦吧！」這下，她的眼淚更加狂瀉不止了，她過去的重擔一傾而下。

坐定後，媽媽的眼淚還是沒有停止，一邊抽搐，一邊勉強地說：「我兒子就是您剛才說的有攻擊性的 ADHD，他升上高年級後，跟級任老師的關係愈來愈不好，他犯錯時，老師會當眾羞辱他，甚至打他。經常用負面的態度處理兒子的問題行為，兒子的成績從原本的班上前幾名，一直跌落到班上後幾名。一開始我們也不懂，也是站在老師那邊，一起指責，甚至懲罰（打）他。現在，他對自己的概念也都是負面的。怎麼辦？」

幾分鐘後，又來了一位帶著靦腆笑容的老師，也想向我詢問一些自己孩子的事，當她在旁等候時，看著一旁一直掉眼淚的這位媽媽，幽幽淡淡地說：「我已經哭過了，現在哭不出來了。」

我看到的是很清楚的、不同歷程的兩位媽媽，一位則是恍然大悟自己孩子可能是受限於生理因素，而不是本身學壞使然。一位是已經接受孩子是 ADHD 患者，正在和孩子症狀掙扎的媽媽。尤其

是這位驟然重新認識自己孩子的媽媽（趙老師），她的眼淚與表情一直在我腦海中，當天晚上，我就收到她的電子郵件了，她的心急如焚，可見一般。

「今天您到學校演講，非常精采，也句句說到我心中的痛，之所以會後急忙找您諮詢，耽誤您用餐真不好意思。我知道我的小孩有狀況，但一直用錯方法，在學校、在家裡讓他覺得沒人了解他，所以他經常出狀況，衝動打人是我最擔心的部分。今天中午他放學時又打了一個不認識的低年級學生，他說是那個小學生瞪他，所以他就問他：『做什麼？』然後對方就向他丟垃圾，之後他就動手打他頭，接著對方跌倒，後來他還跟現場來處理的值週老師起衝突，我真怕他因為衝動而不可收拾，今年3月中打傷同學後，許多人給我許多建議，看身心科、找心理諮商等。」

「目前我找到一位諮商老師，每週都有進行諮商，我感覺他有進步（雖然過程中他仍犯了不少錯誤），但因為諮商老師告訴我，這種情形不會立刻痊癒，會隨著時間而改善，所以我會持續進行，也一直在尋找更多、更有效的方法，我想做一些真正能幫助他的事，我真的很急。因為，他今年9月就要上國中了，我希望可以利用這幾個月好好幫助他，所以只要有用的方法我都希望試一試。今天聽了教授您對過動兒精采的講解，真的覺得那就是我兒子的表現。以前我問過家庭醫生，他都說不是，所以我也沒把過動兒這件事放在心上。今天您的演講，每一件事彷彿說的都是他，所以，我想是否該讓他做些檢查？針對他的問題對症下藥。這部分想請教授幫忙。請教授您給我這無助的媽媽一些建議，只要對孩子是好的，我都會嘗試，謝謝您了！」

當天中午我已經給趙老師一些初步的建議與做法。首先，身為父母是可以向孩子道歉的。父母可以向孩子表示：「之前媽媽因為不了解你，只是一味地聽你老師片面的說法，就打你、罵你，對不起！媽媽跟許多人請教之後，慢慢能了解到你的情況，知道你做一些不好的行為，是有你的原因的，媽媽希望你以後可以把你的委屈、想法告訴我，讓我們一起把事情做好，好不好？」因為，大志當時已經表現出許多對立性反抗疾患（註）的行為。針對這樣的孩子，必須多站在孩子的立場想，與他們站在平等的關係上談事情，

如此一來，孩子才比較能接受你，進而聽從你的要求。所以，有了這第一步之後，剩下的就是如何有效地建立良好的親子關係，進而馴服他了。

曾經是美術資優生

當時大志讀小學美術資優班六年級，即將畢業，身高 155 公分，體重約 60 公斤，顯得相當魁梧。實在看不出這個小大人曾經是在低年級時，班上第一名，是個美術資優生。媽媽說：「大志很會畫畫，很有創造力，雖然素描不是很強，但是很會畫很有創意的圖。……高年級之後，由於表弟在畫畫方面比他愈來愈好，大志就不怎麼愛畫畫了。」

因為跟老師及同學的關係不好，大志有時不想上學，就跟媽媽去上班，坐在媽媽的辦公桌上，無所事事。因為大志高年級之後已經不想寫作業或評量，甚至考試時不想寫考卷，成績退步得一塌糊塗，全班倒數。有一回媽媽上完課回來，看到大志在寫評量，就高興地說：「你會寫評量囉！你之前怎麼不寫？」大志聽了就把評量收起來，索性不寫了。

大志不僅跟學校的同學處不好，跟家中弟妹也不和。他總是愛仗勢自己聰明，嘲笑弟弟妹妹笨、呆。有回媽媽開車載大志和妹妹到鄰近的游泳池玩水，大志換好泳衣從更衣室出來，看到妹妹還是穿著便服站在池畔等，一問之下，才知道妹妹泳衣只帶了下半截，忘了上半截。這下不得了了，大志便邊笑邊罵妹妹，一路沿著池畔邊走邊罵妹妹白癡、笨蛋之類的話，游泳池內的人都望著他們兄妹看。可憐的妹妹，便一路哭回來，聽說游泳池離家有一段 30 分鐘左右的路程。

改變教養態度

升國一時，大志除了有個別的心理諮商師予以協助之外，趙老師也和幾位家長私下找我諮詢。我就簡易地將 Barkley（1997）所著的《不聽話的孩子——臨床衡鑑與親職訓練手冊》內容簡單介紹給家長。家長主要的學習內容包括：

1. 必須體認自己（父母）過去用了何種不當、沒有效的方式來管教子女，其中最沒有效的方式就是「吼叫」、「處罰」、「說一大堆的理」等，管教 ADHD 兒童最佳的方式是先「讚美」，有經驗的 ADHD 父母都體會得到，自己的孩子很愛被誇獎。

2. 實施「特別遊戲時間」，同時學習如何「關注」孩子。父母必須每天利用 20 分鐘陪孩子玩，玩的過程中，必須以孩子為主，也就是遊戲規則由孩子定，父母不可以下任何指導棋。例如：陪孩子畫畫，父母只要像個播報員強調孩子哪個地方畫得好，畫得漂亮就好，不可以指導孩子該如何畫畫。父母須學習正向看孩子，懂得讚美他、欣賞他。

3. 學習在平時關注孩子的好行為，讚美孩子的好行為。若沒有太超過的行為，就不要指責，先不管。例如：「我喜歡你放學後，把餐具拿出來放在洗碗槽裡。」「我喜歡你安安靜靜地陪弟弟一起下棋，看起來很聰明的樣子。」「今天，謝謝你幫媽媽拿垃圾去倒。」

4. 給予有效的命令。父母須學習採用單一、清楚、簡易及要求孩子複誦的方式下命令，讓孩子清楚地接收命令，輕鬆完成。當然隨即可獲得讚美與獎勵。

5. 建立獎勵記點制度。如果口頭讚美和特別遊戲時間尚不足以規範孩子，則需要將用來獎勵的餅做大，也就是加上其他獎勵的東西，包括糖果、餅乾、玩具等，依小孩的喜好而異。這是因為ADHD孩子在個性上比其他小孩喜歡被稱讚，但是又因為他們比較沒有耐心等待，什麼事情都是「想要就要立刻得到」，所以給予獎勵的時候要立即，千萬不要在孩子做到符合你的要求時，卻說：「媽媽明天有空再買給你。」希望父母做好準備時，再來實施獎勵記點制度。

6. 學習轉移到日常生活要求。當孩子可以聽從父母的命令了，就可以將命令的對象換成在家的行為要求，例如：希望他在家可以不要對弟妹惡言相向。便可以下清楚的命令：「你不可以罵你妹妹『白癡』、『笨蛋』或『豬』。」同時也給予正向回饋：「我今天一整個晚上都沒有聽到你罵你妹妹，你很棒！長大了，懂事了。」

過了幾天你又可以說：「連續兩天都沒有聽到你罵你妹妹了，你做到了，你很棒！媽媽就是喜歡你這樣（有教養）。」

7. 學習轉移到在校的行為要求，例如：希望他在校上課時，可以不要做出大叫、唱歌等干擾行為。由於孩子在校時，直接督促他的人是學校老師，因此此部分必須和老師配合，設計一「每日在校行為報告卡」，上面載明欲改善的目標行為是什麼（如上課唱歌），然後，請老師記錄孩子每節上課情形，一開始在每堂課上課前就提醒孩子不可以在上課中唱歌，下了課隨即讚美孩子：「剛才上課你沒有唱歌，很棒！」同時予以記錄在報告卡上。回到家，父母根據當天「每日在校行為報告卡」給予獎勵，例如：增加「特別遊戲時間」為 40 分鐘。如果當天沒有達到預設標準，則只是仍維持「特別遊戲時間」為 20 分鐘，沒有格外的懲罰。

以上做法，若徹底實施，六個月方可見效，因養成習慣了。記得一開始實施「特別遊戲時間」時，大志想要玩的遊戲是要求媽媽搔他癢，而他就躲在棉被裡，用棉被保護自己，這麼幼稚的遊戲（對小六升國一的他而言）他可以玩得意猶未盡。這就是親子關係的重建，要孩子聽話的第一步。之後，大志的特別遊戲內容包括：下五子棋、玩撲克牌及大富翁等等。

在趙老師改變教養態度的過程中（升國一的暑假），大志最明顯的改變是對待弟妹的態度，在玩團體遊戲時，從自我意識高到逐漸接受大家所討論的規則。之前，大志總是喜歡規定一些有利自己的規則，且在遊戲過程中還想更改，妹妹就會不肯，表達抗議，現在大志則可以經過溝通而讓步配合。雖然，有時大志仍會顯現霸氣，例如：有回在嬸嬸家跟弟弟玩枕頭仗，弟弟用玩偶擊中大志的眼睛，大志就很不高興，動手要打弟弟。但是，大志同時也開始出現許多好的行為，例如：在父親節的聚餐上，雖然餐前跟弟妹有一些不愉快，但是用餐時，他會先將食物分給自己的弟妹，其他堂兄妹就排後面。趙老師也不忘稱讚大志有大哥哥的風範，不會跟弟妹一般計較，讓媽媽很是放心。

趙老師在這段訓練期間也開始學習不急於介入協調孩子間的衝突，授權給大志，讓大志搞定弟妹。有回大志借了一些漫畫，回家分享給弟妹看，大家也都搶著想看，可是到了睡覺時間。妹妹捨不

得回自己房間睡覺，想跟哥哥及弟弟睡，且要睡在地上。但是爸媽不答應，只好回房。可是，過了不久，大志跑到爸媽房間說妹妹一直來找他、吵他，害他不能睡覺。趙老師就告訴他：「你是哥哥，且書是你借的，相信你可以處理好妹妹的部分。」結果半小時後去檢查，原來大家把燈打亮，三個孩子看得津津有味。

那年暑假，大志就開始出現很多照顧弟妹的行為，包括：暑假期間每天下午，大志都會準時做好行程上該有的準備，同時吩咐弟妹一起準備。早上也會幫忙洗衣服、晾衣服。

重現笑容

一年半後，我又應邀到趙老師服務的國中演講，演講前向其他同事問起大志的事，同事都異口同聲地說：「很好啊！沒有聽到什麼不好的。」一位跟著趙老師一起教學的實習老師也補充說明：「現在大志（國二）和妹妹（國一）都有進紅榜，也就是，學校會將月考平均 90 分以上者公告在榜單上，稱為紅榜加以表揚。前陣子，大志還代表學校參加徵文比賽，也有獲獎。」

演講完後，大志媽媽滿臉笑容說：「教授，你說的我都有繼續在做喔！」趙老師主要指的是「特別遊戲時間」與「正向關注」。尤其，後者最重要且該將之養成父母的習慣。我總是會在初次指導父母時，發給他們一張白紙請他們將孩子待改善的行為寫下來，然後再請他們將孩子平時會表現出來的好行為寫下來。除了了解孩子的優缺點之外，同時也讓父母看看自己列出的壞行為是不是多於好行為，是不是已經負向看待孩子了。

積極正向關注孩子的行為

那天我的演講內容部分包括如何對付對立性反抗行為的孩子。我總是以我個人當年不堪的童年行為來說明。

那是發生在我讀小學三年級的事。下課時間我跟一位同學在校園裡的花圃上玩，這是因為小時候我們總喜歡站上半高不矮的花圃圍牆，繞著它走完一圈，比賽誰的平衡感較好，可以走得又快又不

圖 2　我兒時調皮的情景，後面手臂裹著三角巾的同學最後被我推了下來，跌了一跤。因為我輸得不甘心。可是，老師說我沒有要推他下來，而是要伸手扶他。

會掉下來，如圖 2 所示。那天我跟一位手臂脫臼裹著三角巾的同學一起走、一起比賽，心想我一定贏他，我一上去就快速競走，怎知一不小心就先失足掉了下來。而我同學卻仍然穩當地在後頭跟了上來，我很直接的反應就是想伸手去推他下來，只是鬧著玩（或許帶點不甘心）。我同學當然為了閃避我也掉了下來，但是因為他的手臂裹著三角巾落地時不方便支撐，跌了一小跤，委屈地哭了起來。當然我知道我闖禍了，隨即就被導師叫去，因為我同學哭著向導師告狀去。我心想下場應該會很慘，但結果卻不是。可能是老天爺有保佑我吧！

「你有沒有推他啊？」導師很是心平氣和地問我。我同學在旁繼續哭。

「沒有，我沒有推他。」我低著頭，心虛地搖著頭說。因為我心想我的手並沒有碰到他，嚴格說起來，應該可以說成我沒有推他。

「他有沒有碰到你啊？」導師仍然語氣平和地問我同學，我同學搖搖頭。

「他不是要推你，他是伸手想扶你，怕你掉下來、跌倒。」導師像慈母一樣安慰著我那可憐的同學，我同學仍然繼續啜泣。他心底一定很不爽，又委屈。

天啊！我心想我可沒有那麼偉大，那麼好心，我只是說我沒有

推「到」他，並沒有說我要扶他。我很壞，我知道。但是，這件事跟著我一輩子，讓我深覺愧疚，讓我知道謹言慎行。所以，老師們如果改用這種方式「訓誡」學生，也可以得到同樣的效果，不是嗎？從此之後，我捉弄同學的行為減少很多很多。

聽完我的故事分享，趙老師在台下呼應說：「教授您不是說過：『說久了，就會變成真的！』」的確，如果我們把希望孩子做到的行為，假裝孩子已經做了，將它直接表述出來，孩子就很清楚知道自己該怎麼做，不是嗎？我的小三老師不就是告訴我，同學的手受傷，要扶同學，而不是推他。但是她的寬容讓我有台階下，又知道下次該怎麼做，我很願意聽從她的話。

我們平時看孩子功課時，總是會忍不住很生氣地說：「我不是已經告訴你多少次了。為什麼你總是忘記？一錯再錯！」也許，我們可以改成：「不錯喔！你已經有按照之前教你的方式做，可是好像沒有完全對，你看……，我們再做一次（再仔細地教孩子一步步做一次）。」可能事實上，您的孩子早已經忘了上次您是怎麼教他的，甚至他這次也沒有想到要照您的方法去做。但是，我還是奉勸您要假裝他有想照您的話做（因為有時他確實有），我們必須正向看待孩子。

畢竟他只是個孩子，總要學習，而人性本是好逸惡勞，加上ADHD孩子本身自制力就差，要他們一次就記住你的教誨，馬上遷過向善是不可能的。這就是 ADHD 父母辛苦的地方，孩子需要你不厭其煩地叮嚀他，直到他記牢且養成習慣為止。

註：對立性反抗疾患（Oppositional Defiant Disorder），亦稱為反抗行為障礙。對立性反抗疾患的定義如下：

如果兒童經常不聽話，甚至公然反抗老師或保育人員，就會造成人際關係的破裂，甚而引發更嚴重的行為問題，例如：攻擊、自傷、哭鬧、反社會等行為，使得學校課業的學習及日常生活功能，無法順利進行。

（一）根據美國《精神疾病診斷與統計手冊第四版》（*DSM-IV*）的診斷標準，對立性反抗疾患是指故意和反抗的

行為持續六個月以上，並出現下列情況至少四種以上：

1. 經常發脾氣。
2. 經常與成人爭執。
3. 經常公然反抗或不服從大人的要求或規定。
4. 經常故意激怒或惹惱別人。
5. 經常把自己的過失或不良行為歸咎於他人。
6. 經常暴躁易怒。
7. 經常生氣或表現憎恨的態度。
8. 經常懷恨或有報復的心理。

（二）對立性反抗疾患的處理技術，包括：

1. 透過關係建立的技巧，建立良好關係，引導進行雙向溝通，並探討人際關係的原則。
2. 運用行為管理技術，常用反應代價、過度矯正、隔離或暫停增強等方法，減少對立反抗的行為；並用正增強培養合作互動的行為。

3. 下達明確的指令前，先引起孩子注意，使其正確了解內容和期望。指令要清晰明確、不嘮叨，並給予完成工作的合理時間。
4. 下達適宜的指令後，要認真有效的執行指令，並運用行為後果管理的原則，培養孩子負責的行為。
5. 實施親職教育，溝通父母教養孩子的觀念，避免下達含糊的、重複的指令和爭辯，避免不必要的責問、威脅和發脾氣，以減少激發反抗行為的情境。

我兒子拉小提琴，就會變成另一個人

又有一回，我在苗栗市演講，遇到兩位從我老家來的媽媽，她們都生了個 ADHD 的孩子，為了孩子的教養問題，到處尋求專業協助。因為我老家畢竟是個鄉村小鎮，特殊教育相關知識不是那麼廣為人知，甚至特教生及特殊老師都是不被重視的對象。

當我演講完，兩位媽媽急切地輪流發問，我還清楚記得其中一位媽媽問：「我兒子很喜歡罵髒話，怎麼辦？」下了台，兩位媽媽又是上前尋問細節的問題。她們也告訴我，這是她們聽過最受用的一場演講。當然，這是恭維，大家不要太相信，聽聽就好。

阿 Ken 媽媽是位音樂老師，自營一家音樂教室，育有兩個兒子，大兒子當時就讀四年級，是個很典型的過動兒，且已經在服藥了。以下是當時媽媽對阿 Ken 在學校的行為描述下：

「上課鐘響後，阿 Ken 通常都要拖上個 5 到 10 分鐘，才會進教室，尤其是科任課時，特別嚴重。」

「一時興起，就會拿同學的文具、書本朝教室天花板的電風扇丟，或是到處亂丟（以投籃的姿勢）。」

「上英文課，大多無法配合老師的活動，只做自己想做的事，如唸課文不好好唸，不寫練習。但是大家都在寫。」

「學校活動也常無法配合，如話劇表演時不想比動作，跳舞時動作很小，吃飯時間有時還會躲在廁所讓大家找。」

「座位桌子上和周圍都很亂，桌上放了很多東西，自己的物品掉在地上也沒感覺，照樣踩過去。」

「抽屜裡會有放到發霉的食物，塞滿紙張……」

「常把五字經（髒話）掛在嘴邊。」

我想這樣的學生沒有幾個老師受得了，也因為這樣，阿 Ken 已經轉學過一次了，現在這個學校是超迷你小學，學校老師的容忍度已經相當寬了。

阿 Ken 在家表現也好不到哪，完全符合 ADHD 患者的跨情境要求。以下是阿 Ken 的居家情形：

「總是要人喊起床，得催促他刷牙，吃早餐，上學……。」

「沒有規律的作息，做功課、吃飯、洗澡都不能定時。」

「打弟弟，罵弟弟。有天我親眼看到阿 Ken 用兩隻腳夾擊弟弟，把弟弟壓制在地上，像摔跤選手那樣，弟弟一直在地上不斷地想掙脫，那時弟弟才讀幼稚園，而阿Ken讀小學四年級。弟弟像是阿 Ken 的玩具，任他擺布。」

「東西使用完後，從不放回原來的地方。」

「生氣時，會踢東西，丟東西。被爸爸要求不可上網，就生氣，亂丟爸爸的東西。誰得罪他，他就亂丟誰的東西。」

「出門不會先告知。」

「愛頂嘴，愛發脾氣。被說了幾句，就說他很不爽。」

當我實際跟阿 Ken 相處時，很清楚地感受到阿 Ken 的過動與衝動，反倒沒有感受到他的對立性反抗行為。我偶爾回老家，就去找阿Ken聊聊，陪他玩或騎腳踏車。當時，他最喜歡玩小型撞球台

（阿Ken爸爸自製的）和投籃機。我總是感受到他無限的精力，他會不停的講話，不停的動且非常的自我，撞球的規則都是由他定的，我不能更改，他說了算。

時間很晚了，我想結束遊戲回家，他會「不准」，但不會發脾氣。我不予理會，告別他及他的家人，要走路回家，他就會試圖硬跟蹤著我回家。第一天見面就跟我完全沒有陌生的感覺，與我之間沒有適當的人際界線，換言之，就是他對陌生人沒有該有的禮貌，非常自我。

有回晚上，我們在外騎腳踏車，我要他帶我去參觀一下他上學的國小，一路上，他總是超過我又折回到我後頭，又超過我又折回，從不與我並列而行。到了大十字路口，我停下等紅綠燈，他則停不下來，闖紅燈衝了出來，當然左右並沒有來車，但是他衝了一半又折回我身邊，但又接著衝到大馬路中央，就這麼來來回回，直到綠燈為止。他像是個裝了新電池，切到「on」的玩具，停不下來。我問他，你會不會覺得自己騎腳踏車常會騎過頭。他說：「我知道啊！我也沒辦法。」說完又往前衝了。

路途中，我們遠遠看到一個路邊的餿水桶，桶子上緣爬滿了蛆，且不斷地蠕動，在路燈照射下就顯得一閃一閃亮晶晶。我這個大男人看了也覺得噁心，實在不願靠近，倒是阿Ken很好奇地大聲問：「那是什麼？」就直接衝過去，近距離觀看那閃動的蛆。我趕緊制止他說：「那是蛆，是蟲。」他說要抓一隻回家養。當然，他只是說說，沒有真的做，馬上又上車騎走了。你的小朋友有沒有一樣喜歡觀察小昆蟲、小動物，喜歡大自然？ADHD兒童通常特好此道。

又有一天傍晚，他約我騎腳踏車。一出門，他就很冷靜地告訴我：「我想搶銀行。」好激烈的手段喔！我楞了一下，問他為什麼？他不理我，沒有回應，繼續踩腳踏車，接著說：「我要偷我媽的錢包，把裡面的錢都拿光。」又是好激烈的手段。我開始佩服他的膽識。這時候，我們已經騎到一個大馬路口，他停下來問我：「你可不可以借我20塊？」我問他借錢要做什麼？他語氣堅定地回我說：「我想買貢丸。」原來過了這個路口，左轉往前一些，就有一個便利商店，他想買關東煮。這時，我腦門頓開，原來出門時，他就想到便利商店買關東煮，可是，他知道平時媽媽都不准他隨意買外面的食物吃，所以，他就心情不爽，開始講激烈的話，甚至採取激烈的手段，腦中平息不了欲望與規範之間的衝突，只能慢慢回到現實。「你可不可以借我 20 塊？」最後，阿 Ken 媽媽讓他在家煮幾個小丸子吃。從這裡，可以清楚看到 ADHD 兒童的「認知衝動」。

音樂才華

因為阿 Ken 媽媽是音樂才藝班的老師，所以，阿 Ken 有豐富的音樂學習資源，擁有一身好本領，最擅長小提琴及鋼琴。母子倆經常參加比賽，獲得不少殊榮，音樂教室裡當然擺著贏回的大小獎狀、獎杯。其實，要阿 Ken 學琴是相當不容易的，要阿 Ken 配合總是困難的，阿 Ken 媽媽總是得半哄半騙地要阿 Ken 練琴，還好因為有比賽的成就感，讓阿Ken沒有中斷學習。彈琴時，阿Ken當然有自己獨到的一面，他偶爾會很得意地告訴我們，他會用腳彈鋼

琴，隨即雙腳一舉很像一回事地彈了起來。還好，熱愛音樂的阿Ken 媽媽並不會制止他這些頑皮的小行為。這就是對 ADHD 兒童該有的寬容，「僅守大原則，忽略小細節」孩子才能快樂地朝大目標前進，而不會被瑣碎的、莫名的小規矩給困住了。

每回阿Ken在台上，把小提琴拉得有聲有色時，旁人總是很難相信他下了台是個過動兒，會不斷在十字路口來回轉大圈圈，會騎著腳踏車對準一隻流浪狗作勢來回衝撞牠、嚇牠。讓你看了，很想臭罵他一頓的小鬼。

阿 Ken 媽媽的付出

因為阿Ken原先就讀的學校要求較高、規定較死板，阿Ken適應不來，阿Ken媽媽就將他轉學到另一個離家較遠的小學校。自此之後，阿Ken媽媽就積極參與學校的親師活動，當愛心媽媽也罷，當音樂才藝課的老師也罷，總是希望學校老師可以接納阿Ken，也讓老師清楚地知道：「我們是那麼認真地帶孩子，不要誤會我們，不要認為孩子會這樣，都是因為我們家長太縱容他，都不好好管教他使然。」我想這是很多 ADHD 父母的心聲吧！

大部分的父母在聽完老師的指責之後，回家就會更嚴厲地、狠狠地訓了孩子一頓，幾次之後，親子關係變得不好，父母親就開始忍不住打孩子。最後，孩子開始反抗，更不聽話了，父母親再次用力打，直到最後實在打不下去了，因為發現「打」已經沒有用了。父母親開始沮喪或憂鬱了起來。

幸好，阿Ken媽媽懂得放下，懂得尋求老師之外的協助，找醫師、教授幫忙。同樣地，阿Ken媽媽開始認真地學習信任孩子，讓孩子可以主導活動，讓孩子有機會開展他的優點，再關注孩子的優點，鼓勵及讚美阿 Ken 的好行為。

「聽他講故事：健忘先生。說著說著，他也會想到自己和故事中的主角一樣很健忘，會說自己實在很健忘，可是也沒辦法。他閱讀上沒有問題，能掌握故事的重點。」

「讓他當老師，出問題考大家，題目都來自《兒童好奇心大百科》，有『為什麼天空是藍色？』之類的問題。阿Ken就會展現出老師的風範，給評語、記分，雖然誇張，但可感覺到他臉上的喜悅、自信。」

阿Ken於是有機會試著當領導者，學習當哥哥的風範，「會教弟弟一些規矩，雖然說沒幾句，自己就受不了，開始罵人、打人（弟弟）」。但是，這總是個好的開始。

阿Ken也可以開始和諧地和家人一起玩，雖然時間不長，因為阿 Ken 受不了別人的要求。但是，這也是個好的開始。

阿 Ken 媽媽或爸爸也會以孩子為主的方式陪阿 Ken 玩，「一起在地上用木條圍成撞球桌的形狀打撞球，也陪他打彈珠、投球。」

「特別遊戲時間」及「積極關注」實施了兩、三個禮拜之後，便可以開始請孩子幫忙做一些小家事。其實這是在製造機會給孩子表現，讓父母有機會練習讚美孩子。於是阿Ken爸媽請他幫忙收拾桌面上的東西，包垃圾、拿掃把、晾衣服、清洗腳踏車等等。當然，這段期間阿Ken也會主動幫忙做家事、自動溫習課外讀物、學英文等，只要阿Ken表現出好行為，爸爸就會給他獎勵，給他個冰淇淋，或是個布丁，或是親一個，或買個新泳帽給他。反之，一旦阿Ken表現出壞行為，爸爸常做的是「記缺點卡一筆，並且往後每天都跟他提起這件事，提醒他往後如有類似情況時，該如何處理？如再次提及時，他有回答得正確且合理時，就給布丁一個。」

阿Ken媽媽則是常以口頭方式稱讚孩子的好行為，說他「長大了，懂事了」，也會帶他去逛夜市、買東西給他、玩投籃球機等。但是，一旦阿 Ken 做出不好的行為，阿 Ken 媽媽就會比較嚴厲一點，「很生氣責罵他，糾正他不對的行為。如果他做出破壞的行為，就打他；不讓他使用電腦；帶弟弟去逛街，不帶他去。」這是一開始阿 Ken 媽媽的做法，一個月之後，阿 Ken 媽媽對孩子的負向回饋，就愈來愈少，愈來愈輕了，包括：「責罵；對不好行為，予以忽略；罰他不能玩電腦。」

其實，道理很簡單，當孩子表現的好行為增多時，不好行為出現的次數就一定會相對減少，因為人一天的時間是有限且固定的，好行為多了，壞行為相對就少了。與其花時間精力糾正壞行為，不如花時間投資好行為，反正一天的時間對父母及孩子都是一樣的，不是嗎？時間一久，更神奇的事會接著發生，就是孩子的成績可能

會慢慢進步。因為，家庭氣氛和諧了，孩子的情緒平穩了，能靜下來好好背書及理解課業問題了，成績自然就會進步（如果原來成績不好的話），人際關係也會好些。當然，ADHD孩子的問題並不會完全消失，只是你會看到孩子長大了，懂事了，愈來愈容易跟孩子相處了。其實，能這樣就夠了。

阿Ken現在準備升國中了，他選擇到鄰鎮的一所國中就讀音樂班。媽媽說阿 Ken 已經改變很多，以前的壞行為少很多了。

與同樣遭遇的父母分享

打從一開始結識阿Ken媽媽及達達媽媽（傅媽媽），她們就很有心地想幫忙跟自己一樣的其他媽媽。所以，當這兩位媽媽自己有了些許成功經驗之後，她們也幫忙擔任諮詢師的角色，就自己所知回答其他媽媽的問題。甚至集合大家一起出遊，經驗交流互相支持，也讓所有孩子有機會在其他人面前表演才華，得到肯定。阿Ken當然就是負責拉小提琴，聽說那次他是邊溜直排輪，邊拉小提琴，之後他就常常這麼做了（圖 3）。這兩位媽媽真的好偉大。

圖 3　阿 Ken 喜歡拉小提琴，也喜歡溜直排輪，後來索性將兩件事一起做，觀眾可是看得津津有味，爭相拍照。

人溺己溺的傅媽媽

達達該不該轉學？

傅媽媽問達達：「要不要轉學？」

達達說：「不要，新的學校又沒有朋友，我的朋友都在這裡。」

傅媽媽跟我說：「我希望他（達達）在小學校、小班級受到更好的照顧。我告訴他，升上三年級後，學校會重新編班，會換新老師及新同學，你會不會害怕？他說不會。因為他說，他有吃藥會比較專心，不會走來走去或是跟人家起衝突、吵架。我聽了心很酸，有時覺得他很懂事，也很貼心。我是不是多心了？我是否要放手讓他去面對他該面對的環境及將來。我就是擔心哥哥的事會在他身上重演。」

達達當時準備升小學三年級，傅媽媽打聽到新的級任導師是誰，但也聽聞到他是個很嚴格的老師。所以，很擔心上課情況不佳的達達會不會被老師盯得滿頭包，正在考慮要不要幫他辦轉學。

「剛開始知道達達由那位老師擔任導師時，的確很不安。因為這位老師的風評不是很好，年紀也比較大，不容易溝通。對注意力缺陷過動症的孩子不了解、不夠包容等，當然這些訊息都是經由別人轉述的。」

後來，考慮達達害怕換新環境，怕沒有朋友，人際關係又要重新建立，加上新的學校距離也比較遠，有事不容易配合，所以傅媽媽還是決定不讓達達轉學。讓達達先嘗試去面對，實在真的不能適應時，再想辦法。傅媽媽安慰自己：「即使現在幫他轉校，那以後不適應，是不是又要轉來轉去。」於是，傅媽媽謹慎地踏出冒險的第一步。

傅媽媽表示在開學之前細心地做了一些準備工作，包括：「帶達達一起去看學校的公布欄，查看看有哪些舊同學還跟他同班，有

哪些認識的朋友變成跟他同班，讓他期待新的學年的到來。」「一起上學校的教師網站，先認識這位新老師，是否有特別的專長、教學強項等，讓孩子對老師有崇拜的感覺。」傅媽媽強調雖然達達也會聽聞別的孩子在背後批評老師、說老師壞話等，可是，傅媽媽絕不在孩子面前批評老師。而是給予正面的導引，希望不要形成達達與老師之間的對立關係。這是非常重要的，ADHD 孩子很容易先入為主，常常心裡只認同某位成人，只聽從他的話，別人的話，他一概不接受。所以，讓孩子能夠先認同老師，比較能減少師生間的衝突。

開學之後，傅媽媽又做了下列動作。

「開學後第二個星期，我去學校拜訪老師，加深老師對孩子的認識。」

「盡量參與學校的活動，尤其是班親會，友善地對待他的同學，提供一些資源讓班級運用。」

「在不影響上課的情況下，不定時到學校看看孩子在班上的活動情形，我選擇在午餐的時候去。」

「仔細簽聯絡簿，利用聯絡簿做溝通，適時肯定老師。」

所以，傅媽媽扮演一個積極配合學校老師的好家長角色，讓老師清楚知道她是相當認真地在關心及管教自己的孩子，也願意參與且支持老師的教學活動。這麼一來，老師才不會誤會孩子在校的惡劣行為，是家長平時疏於管教、縱容及溺愛孩子所致。

達達的症狀與個性

傅媽媽不是第一次帶 ADHD 的孩子，雖然那已經是將近二十年前的事了，但是沉重的心情又再來一次。達達讀二年級時，最讓傅媽媽操心的事，包括：在課堂上，會一直發表自己的意見，干擾老師上課進度。還會在課堂上不斷走來走去。也愛告同學的狀，糾正同學。遇到抄寫的作業就會拖拖拉拉，很慢才能完成，不過這一點在服藥之後改善了。在學成績則是時好時壞，有時 70 分，有時 95 分。平常在家，就是沒耐心、愛生氣。又因為家裡是做生意的，達達有時會對不喜歡的客人明顯表現出不友善態度，讓傅媽媽很尷尬。另外，達達還有些小毛病，例如：很挑食，不吃魚、不吃豆類。在外面的餐廳吃飯會跑來跑去。沒事就喜歡咬指甲。東西使用完，不會放回原位。對自己想要的東西或是想做的事情會一直要求，很執著。

值得慶幸的是，除了上述常見於一般 ADHD 兒童的問題行為之外，達達並沒有其他共病存在。達達表現出不好的行為時，只要傅媽媽糾正他，達達都會接受，雖然有時仍會不高興，但是還是會聽從傅媽媽的要求改正過來。例如：有時達達忘了主動把餐袋拿到洗碗槽，經提醒之後，還是會很樂意去完成。要求達達在傅媽媽跟客人講話時，不可以插嘴，達達也可以接受。要求達達在危險的路段，腳踏車要用牽的，不可以騎，達達也可以接受。

積極關注與特別遊戲時間的實施

傅媽媽在尋求我的諮詢之後，也就是在達達升三年級的暑假，正式實施「積極關注」與「特別遊戲時間」，每天傅媽媽要和達達一起進行一項遊戲或休閒活動。傅媽媽第一週最常做的活動就是一起看童書，說故事給達達聽。此外，平時還必須抓住機會，積極讚美達達。這些活動的進行情形都必須記下來，每一週交給我看。實施的第一週，傅媽媽在特別遊戲時間所安排的活動有說故事、聊天及看書。但是，這些都不是達達主動提議的活動，只是傅媽媽的建議。剛開始時，達達總是對著書，隨便翻一翻，顯得沒有興趣的樣子。可是，後來傅媽媽嘗試開個頭唸了一小段故事給他聽，達達才覺得有趣，慢慢地親子共讀的效果不錯，達達也很開心。

實施了幾天下來，特別遊戲時間到之前，達達就會很期待，而且會提醒媽媽，也會將要看的書準備好，進行得很順利。

以下是傅媽媽與達達實施特別遊戲時間第二週的每天概況：

第一天，傅媽媽帶達達在外面餐廳用餐，達達表現得還不錯，比較少跑來跑去（但是還是會），傅媽媽就不忘正面誇獎他。

「可是，回到家，達達卻一直吵東吵西，吵著要吃零食。我就責備他，並拒絕他的要求。」傅媽媽還是無奈地說。

「我今天不是很乖、很棒嗎？為什麼我不能吃零食？」達達本著一貫好於爭辯的習性，不斷要求著。但是傅媽媽對達達說明完理由後，達達似乎仍然不予理會，一而再，再而三地要求。最後，傅媽媽堅決拒絕他，並取消當天說故事的時間。

達達說：「你好凶，講話很大聲。」

傅媽媽事後表示，當下達達嘴巴不同意且心裡會害怕。但，這表示「說故事時間」對達達而言，是有效的增強物。

第二天，傅媽媽要求達達去音樂教室練琴，達達不接受。但是，要求他在媽媽跟客人講話時，不可以插嘴，他可以做到，會在旁自個兒看喜歡看的漫畫書。後來，傅媽媽想到一個好方法，誘導達達去練琴，就是跟達達條件交換。「你練琴練多久，玩 Wii 就可以玩多久。」達達就願意接受了。

當天晚上，達達也聽話地收拾玩具及書籍，順利地進行「說故事時間」。

第三天，達達就主動願意去練琴了，但是要求傅媽媽得一直在旁陪著。當天，要求達達拿餐袋到洗碗槽，或是騎車注意安全，達達都會遵守，不會生氣了。

第四天，傅媽媽要帶達達出去兜風，順便去原本預定要轉學的那所鄰近小學去，先熟悉一下環境。可是，達達很不願意，雖然後來勉強答應了。但是，心情不是很好，心裡還是害怕轉學。

到了晚上，說故事時間也進行得很順利，今天講的是感人的故事，達達聽了很感動，傅媽媽覺得達達是個心腸柔軟的小孩。這就是 ADHD 與 AS（亞斯伯格）（註）很不一樣的地方。

第五天，傅媽媽再次帶達達去預定轉學的新學校玩，達達比較願意去了，因為他發現有籃球場，希望可以帶球去玩。

第六天，達達做了一張父親節要給爸爸的卡片。平時，達達跟爸爸的互動較少，達達很少主動跟爸爸講話，傅媽媽希望他們父子倆可以互動多一點。可能是年齡的差距太大，或是達達不是討人喜愛的孩子。所以，平時在外地工作的爸爸，即便放假回家，跟達達也很少有互動，傅媽媽一直希望這種情形可以改善些。自從這個暑假傅媽媽開始對達達積極地改變教養態度後，達達顯得較聽話，不受教的情況較少，且藉這次父親節達達有機會表達對爸爸的愛，父子間的互動改善很多。爸爸也較少感受到老是得用生氣的態度面對

及糾正達達那些令人頭痛的行為了。

今天達達拿到一台相機，對喜歡的人、事、物會去觀察、拍照，玩得很開心。

今天的特別遊戲時間是傅媽媽與達達一起看奧運開幕，也進行得很順利。

第七天，全家一起出遊到日月潭，達達一路表現得很好，可惜的是到達目的地後，一直吵著要買紀念品和喝飲料。遊玩過程中，達達用自己的相機拍了很多照片，玩得很開心！想必這趟旅遊應該很難忘吧！今天傅媽媽累壞了，特別遊戲時間暫停一次。

特別遊戲時間實施兩週後，傅媽媽問達達有沒有覺得這幾天媽媽變得不一樣，達達說：「比較會誇獎我。」所以，除了特別遊戲時間，傅媽媽仍記得要積極關注達達，會抱一抱、親一親達達，甚至表現好時，也會給他 50 元作為獎勵。傅媽媽給達達的獎勵都是相當具體可感受得到的，不只是口頭讚美而已。這就是改變的開始。

傅媽媽事後告訴我，還好是在暑假上親職教育課程，進行特別遊戲時間及實施積極關注。時間上較為寬裕，可以放鬆心情，心無旁騖地與達達一起進行特別遊戲時間，說故事給他聽。否則，一旦開學了，每天又是在煩惱他的作業寫不完、上課用具在哪裡之類的，怎會有好心情進行特別遊戲時間及做出積極關注。確實如此，平常在孩子的上課期間，如果要求 ADHD 兒童的爸媽，要對孩子好一點、多讚美他一些、有點耐心等，家長可能都會在心裡嘀咕，對著給這些忠告的專家說：「不然，你來帶看看，你們沒帶過這種孩子，都嘛說得很輕鬆。每天功課都寫不完了，急得跟什麼一樣……哪來什麼特別時間……。」

達達的改變

在達達升上三年級，開學後第二個星期，傅媽媽去拜訪導師的那一次，便開誠布公地告訴導師達達是個 ADHD 的孩子。導師表示前任導師有特別在達達的資料上註記，所以他已經知道，但是目前不覺得達達上課有造成什麼特別的困擾。

很神奇地，升上三年級之後，達達在課堂上的表現就很好。其他科任老師也都不覺得他是個 ADHD 的孩子。達達在一、二年級時，上課很愛講話，會分心、恍神，有時還會在課堂上走來走去、不受約束。平常走路很少用走的（都用跑的），很急性子。雖然有上安親班，可是在安親班，作業仍然常常寫不完，安親班老師也一直抱怨，達達很難帶，成績的起伏也很大。

由於二年級下學期，達達開始服藥，升三年級的暑假又參加父母團體訓練方案，這些治療的介入，讓達達的成績比較穩定，三年級以後大約都在前五名內。達達讀三年級之後就沒上安親班了，功課都可在家完成。雖然作業要分好幾段才行，但如果有服藥，就比較不會拖拖拉拉。國語的成績比較好，數學如果碰到新的單元，要學新的運算，他就會排斥，不願面對，甚至作業不帶回家寫。自然科的成績最好了，因為達達最喜歡自然。

達達服用的是利他能，藥效一直很穩定，但是藥量只服醫師開的一半。如果下午沒有主課（國語、數學或自然），他自己就會決定不服藥，且級任老師還可以包容他的一些小毛病。如果是上自然的實驗課，老師甚至主動要求他不要服藥。所以，達達對自己什麼時候要服藥，很有自主性。

其實，一開始是達達主動向傅媽媽說：「我今天中午不要服藥，因為下午是美勞課，我可以應付，不用服藥。」

「真的可以讓他自己決定要不要服藥嗎？」傅媽媽在詢問我這情形時，我就說：「很好啊！這麼小的孩子，就可以那麼清楚地了解自己的狀態，非常有自我覺察能力，可以跟自己的症狀相處，就讓他自己決定吧！」我一直強調提升 ADHD 兒童的「自我覺察能力」是首要任務，讓孩子了解自己的症狀，學習控制它，與自己的症狀相處，才是長久之計。

達達是個很有自覺的孩子，記得一開始讓他看過動兒的介紹影片時，劇中的一位小女孩說：「同學都取笑我，叫我利他能女士，我不喜歡。」達達看完的感想也是：「這樣我就是利他能先生了」。達達一開始不能接受自己就是注意力缺陷過動症患者，他很沮喪。但是，後來他慢慢接受了，開始試著控制自己的症狀，不管用藥或不用藥，他都在嘗試著跟自己的症狀相處。

現在四年級了，達達的成績平穩很多，人際關係也不錯，不會拒絕上學，老師們對他評語也都很好。只是，達達情緒比較不穩，挑食的毛病仍在，還是很固執，數學功課常常都要拖到最後才完成。可是，傅媽媽已經知道怎麼跟他的症狀相處了，不像以前那樣生氣了。

暑假活動

升三年級的暑假，傅媽媽雖然有時間可以帶達達，但是還是讓達達上安親班，讓他生活作息正常，不至於因為放假而不正常，功課也有機會複習及預習，每星期一又上一次繪畫、手工藝課及鋼琴課，調劑身心。除此之外，也試著讓他自己安排課餘時間，學習掌控自己所安排的活動，傅媽媽只是先幫他做好表格，然後就讓他自己去規劃了。

升四年級的暑假，傅媽媽也讓達達自行安排旅遊行程，從地點的選定到交通車的安排等小細節，都讓達達負責規劃。那年暑假，達達希望能去高雄夢時代，很吵，一直在提這件事。傅媽媽為了打發他，想找一些事讓他做。所以就讓他規劃行程，沒想到他做得很好。

達達先是上網查詢高雄夢時代的地標在哪，有什麼交通工具可到達。因為達達想坐高鐵到高雄，可是所住的通霄鎮並沒有高鐵停靠站怎麼辦。達達想到必須再利用台鐵，還有高雄捷運。在這當中，出發的時間、各類班車銜接的時間、最晚須什麼時候回來，又空檔的時間可以去哪裡玩等等，達達都一一把它們列出來。最後組合成三組時間，傅媽媽採用了其中的一組，同時也預備了一組。其中路線的安排如下：「由通霄搭台鐵到烏日，烏日轉搭高鐵到左營，再由左營搭捷運到凱旋站，利用夢時代接駁車到達目的地。在高雄夢時代用餐後下午回程，回程的路線有做些改變，搭捷運到台鐵高雄站，由台鐵高雄站搭台鐵到彰化，在彰化等車的時間，順道參觀了台鐵扇形車庫，再搭台鐵回通霄，完成高雄一日遊。對於這一次的旅遊，達達雖然是第一次策劃，因為行前做了很多準備，他不但運用網路、地圖、時刻表、路線圖，甚至是旅遊書，來安排此次的行程。」

「我們享受親子共遊的樂趣，也讓他開闊視野，以後幾次的行程都會找達達共同討論及規劃，這些應該是書本上學不到的吧！」傅媽媽很滿意地說。

讓 ADHD 孩子學習「計畫」能力是相當重要的，因為這正是ADHD兒童相對不足的能力，由於額葉功能不佳，ADHD患者表現出許多額葉症狀，包括：無法監控與修正行為、無法彈性使用策略、行為衝動及動作啟始困難難以達目標等行為表現，這些使得他們的組織計畫能力薄弱。所以，平時訓練 ADHD 孩子從事須動用組織計畫能力的作業是個不錯的選擇，可強化他們的大腦額葉功能。台灣明星黃小柔也是個過動症患者，她在電視訪談節目上表示，她國小在校讀書時，就經常被叫到輔導室「拼拼圖」，這也是在訓練組織計畫能力。而她的阿公也會將大時鐘拆解開來，要她再拼湊回去，這也是訓練組織能力。

我還有個大兒子

達達的哥哥足足比達達大了二十歲。因為達達被診斷為ADHD，所以，傅媽媽看了很多相關的書籍及資料，才發現達達哥哥（暱稱揚哥）應該也是 ADHD 的孩子，那時已經 26 歲了。所以，揚哥也被精神科醫師診斷為注意力缺陷過動症，也有服藥。但醫師說他年紀大可以自己判斷什麼時候需要服藥或停藥。所以他很少吃藥，他服用的是「專思達」。

「突然間，長久存在我們之間的代溝與冷漠豁然開朗，而且也感覺他長大了、變成熟了。」從頓悟大兒子也是 ADHD 患者時，傅媽媽的第一個反應就是豁然開朗。

當時達達哥哥對傅媽媽說：「你知不知道每天過著茫茫渺渺的日子是什麼滋味？被當作路邊小草，可有可無，是什麼心情？」

傅媽媽心情沉重，感到陣陣酸痛。「他是我的兒子，可是數度被我們趕出家門。」

傅媽媽難過地談起大兒子的成長過程：

「揚哥5歲前是由祖父母帶，祖父母脾氣好，加上他是長孫備受疼愛。可是他常常受傷，喜歡爬高爬低，很活潑好動，不喜歡跟別的孩子玩。上了幼稚園以後，就自己帶，讀了三天幼稚園，一直跑來跑去，在教室坐不住，一直到外面玩溜滑梯。之後就不想去上學，一個月就轉學了。幼稚園的就學情形就是打翻東西，找不到文具用品，自己玩自己的，很不受控制，老師也不管他。」

「上小學之後，算是惡夢的開始。早上起不來、不能安分地坐在座位上安靜上課、東張西望、常做怪異的表情、捉弄別的小朋友、咬手指頭，更誇張的是會挖鼻屎來舔。總是要引起別人注意，甚至在課堂上故意答非所問，講一些低級的笑話。三年級時，被安排坐在講桌旁的特別座，這次對他自尊及自信造成很大的打擊及傷害。在家則是天天為了作業沒完成被打。小學又經歷一次轉學，從此就發現他很少在家寫作業或做功課，沒看過聯絡簿，老師也很少與我們互動，也就沒告狀之類的，以為天下從此太平。誰知學期末的成績一出來，很少有甲，甚至有丁等的。」

「這種狀況一直到國中畢業，因為國中沒交作業不是什麼大不了的事，學校的資源都在升學班。因為揚哥不抽菸、不打架、不會翹課，算不上是什麼頭痛人物，只是不愛上的課就睡覺。我也很少跟學校互動，因為害怕被告狀。但我每天中午都會親自帶中餐到學校給他，看看他、安撫他、聊一聊，沒有特別要求成績，只要他生活規律就好。」

「後來他升上高職，也沒有特別的違規事件。可是電腦已經是他生活中不可缺少的高級玩具了。只要放假沒上課，就沒日沒夜地上網或打電玩，也因此被趕出家門幾次。讀高職之後，說謊、偷錢、翹課、沉迷網咖都已經是家常便飯，大學重念了三次還沒畢業，當兵常常逾假未歸，差一點被關禁閉。」

揚哥高職念的是苗栗建台高中高職部，畢業以後沒考上大學，所以念的是沒有學籍的新竹聖經學院，一年後被退學。第二年重考，考上苗栗育達技術學院外文系，一年後又被退學，服完兵役以後重考，又考上育達技術學院外文系。現在終於要升上四年級了，但現在（升大四暑假）自行休學去澳洲打工兼旅遊。

「直到前兩年，上帝才想到打開另一扇門。告訴我們他只是個

ADHD的孩子。之後，他的生活才慢慢找到重心。他開始知道自己哪裡需要幫助，又該如何找到好的方法來克服困難，例如：不擅筆記，就先用錄音、用照相來記錄。早上起不來容易造成曠課，就請朋友或家人定時打電話提醒。要做的報告或是任何文書處理，就用電腦或口述錄音記錄。在工作及學業上也就慢慢得到肯定和自信。」

「他也不是全然沒有優點。他的漫畫畫得很好，喜歡看歷史小說，愛挑戰，語言能力也有天分，玩音樂、愛唱歌，善良、不記仇……（好多好多）。他隻身前往澳洲打工（只帶一些錢），自助旅行，過得充實有價值，也很開心。所以成人接受治療並不是沒有效果，只是他們需要的也許不是藥物，而是諮詢、陪伴及協助，家人的接納與信任是最好的良藥。而且，我還告訴孩子，過動兒並不可恥。要以過來人的身分幫助別人，讓他們也得到幫助。」

所以，傅媽媽讓大兒子面對自己的症狀，了解自己的症狀，最後控制自己的症狀。這是很正確的方向，通常成人過動症一旦理解自己是個 ADHD 患者，對自身從小到大的行為有了解釋，就是自我覺察的開始，接著就是自我控制的開始。

人溺己溺的傅媽媽

認識傅媽媽已經兩年了，她一直是個很積極的媽媽，家裡買了很多過動兒的相關書籍，多到連達達都會問：「為什麼你常在看注意力缺陷過動症的書？」在外，傅媽媽則儘可能參加鄰近學校舉辦的過動兒相關親子講座，即使很遠也會將生意擱著，搭車前往。傅媽媽就是從苗栗縣通霄鎮趕到苗栗市公館國小聽我演講，也到台中清水國中聽我演講，讓我非常佩服她為兒子做的一切。

更佩服的是，現在她反過來幫忙其他弱勢的小朋友了。最近，鎮上有一位小朋友有識字方面的困難，都已經跟達達一樣是四年級了，可是卻大字不認識幾個，除了認識常見的「國小」、「性別」、「男」、「女」等之外，常見的功能字「的」、「了」都不認識。這個小朋友在學校已經被診斷為學習障礙生。

這位小朋友在低年級時，與達達曾是同班同學，兩個人早已互

相認識，交情不錯。所以，傅媽媽就利用寒假的時間帶他來店裡一起玩、一起吃點心。由於家裡開的是錄影帶出租店，架上總是有各種類型的影片，傅媽媽就指定一些字，要這位小朋友去幫忙找，藉機讓這位小朋友多認識幾個字，如此，學字變得比較有趣且實際。

當然，傅媽媽因為自己就帶著兩個 ADHD 孩子。所以，學校裡有 ADHD 孩子的家長自然就會來向她討教，而她也會主動去幫忙這些家長，提供相關的書給他們，一起討論、分享彼此的甘苦經驗。遇到我，也會跟我分享別的孩子的故事。鎮上有一位ADHD的國中生，在校適應不良，經常跟老師、同學起衝突，索性中輟在家幫忙賣烤肉和鹽酥雞，手藝不錯。可是，後來傅媽媽跟這位國中生的家長分享帶孩子的方式，經常一起鼓勵、讚美這個國中生，結果他脾氣變好了，也想回去上學了。

傅媽媽說：「帶這種孩子（ADHD）好有成就感喔！」傅媽媽學會了帶領技巧，苦過來了，她也開始告訴自己的孩子，要克服甚至戰勝自己的症狀，將來再幫助跟自己一樣的人。

註：亞斯伯格（Asperger syndrome，簡稱 AS）。亞斯伯格症與自閉症被視為同一自閉症光譜障礙（Autism Spectrum Disorder）的群體，也就是同樣擁有社會性、溝通及行為與趣三大領域障礙。亞斯伯格症與自閉症同樣有社會性孤立、缺乏同理心、刻板重複的行為、拒絕改變、缺乏想像性遊戲及口語與非口語的溝通障礙等問題，但也有相異之處，如：亞斯伯格症的智力通常在正常或優異的範圍，且有較好的詞彙與口語能力，較喜歡與人互動，交友方面的需求較明顯且有較好的預後，他們想要建立友誼關係，但卻苦無方法，常出現不當行為。但若與智商 70 以上的高功能自閉症相比，兩者差別則並不明顯。

李小妹和媽咪

不同門診的醫師給不同的病名

李小妹就讀幼稚園中班時，老師就每天來電，告知媽咪：「李小妹不專心，跟不上大家的步調。」李小妹回家也會哭著告訴媽咪：「老師不知道為什麼整天罵我、處罰我。」媽咪先是打電話請教某大學附設醫院的小兒科醫師，醫師建議帶李小妹來醫院做評量。預約好門診時間，醫生便詢問媽咪一些李小妹的情況，再看李小妹幾眼，便做出令媽咪錯愕的結論：「小孩沒問題，是家長和老師有問題。」

升上大班時，老師來電的口氣更加不悅（同一個老師），於是媽咪想讓李小妹換幼稚園，但李小妹不願意。

最後，媽咪到另一大學的復健醫院尋求幫助，這回有了病名，李小妹被診斷為「感覺統合失調」，且稍有扁平足。於是，李小妹在醫院買了矯正鞋，開始每個禮拜準時到醫院做感覺統合治療。

升上小學一年級時，李小妹變快樂了。但功課常常要做到很晚，可是老師指定的回家作業實在不多，而且李小妹會把國字當圖形畫，有時甚至會寫出完全鏡像的國字（文字左右相反，以致常人要從鏡中才能辨識的文字）。在朋友介紹下，再度回到第一次問診的醫院求助，但換另一位醫師，評量結果同樣是感覺統合失調。可是，這次醫師建議以藥物治療，連續服用一學期的「利他能」，李小妹有心跳加快、胃口不佳及便秘更加嚴重等情況發生。下學期改服用專思達，結果常常晚上須超過 12 點才能睡覺。利他能與專思達都是屬中樞神經興奮劑甲基芬尼特（methylphenidate）（註），兩者的差別只是藥效長短之分，利他能約四小時，專思達則可達十二小時左右。它們主要是針對改善 ADHD 患者的注意力而為，80%至90%的患童使用後，注意力可獲得明顯改善，過動與衝動行為也會跟著減少一些，繼之人際關係也會獲得改善（Scahill, Carroll, &

Burke, 2004）。但是，畢竟它們是中樞神經興奮劑，容易造成入睡時間延後，部分孩子會更加輾轉難眠。它們目前都仍是治療 ADHD 第一線的藥。所以，既然醫師已經開立此等藥物給李小妹吃，表示已經診斷她具 ADHD 症狀。但是，「有時」把國字當圖形畫或寫出完全鏡像的字，也可見於一般小學一年級的學童，尚不足以判斷李小妹是否有識字或書寫方面的學習障礙，得再給她一段時間學習，再觀察。

只是，ADHD 兒童不喜歡寫字，經常對寫字作業拖拖拉拉確實是常見的事，也就是他們無法長期維持住注意力去完成所須的事（尤其是自覺無聊的事），李小妹正如同其他的 ADHD 孩童一般，每天都與寫字作業奮戰。媽咪說：「吃藥沒有辦法改善她寫字的情形，反而會讓她更想抓螞蟻。」李小妹原本就喜歡觀察小事物，平常也喜歡抓螞蟻。吃藥增強了她的注意力之後，反而讓她更專注在原本就喜歡的事物上。所以，藥物只是增強孩子的整體注意力，仍舊需要老師及家長將它引導到該學習的項目上，而此時如何讓所須學習的項目變得有趣生動，能牢牢抓住這難得的注意力，就是考驗了。因此，無論是學校老師或家長在學童吃了藥之後，要經常與之互動，可問他問題或請他協助教學活動等，讓他覺得上課有參與感，有被讚美，是喜歡上課的。

升上三年級換了個新老師，李小妹的班導師就問媽咪：「你如何判斷她是過動兒？」因為老師覺得李小妹上課時並不會到處走動，只是不專心而已。我常覺得奇怪，為什麼學校老師總以「上課是否離開座位」作為是否為過動兒的重要標準。

李小妹的媽咪告訴我，她是在聽過我的演講，較了解過動症的診斷標準之後，才覺得可以更明確地告訴老師，她是如何判斷李小妹是過動兒，因為媽咪覺得李小妹幾乎表現出所有 *DSM-IV* 上所列舉的 ADHD 診斷項目。我還是必須強調一次，升上三年級之後的孩子，很少會上課時起身走動，但他們仍會表現出坐立難安的樣子。有位女性成人過動症患者向我表示，她小時候並不會隨便離開座位，但是她最怕升旗，因為要在操場上動也不動地站很久，她心裡很受不了，想到就害怕。「上課是否離開座位」只是診斷標準之一，不是唯一。

「三年級的老師對李小妹很照顧，也請班上同學接受她、幫助她。但是，如果功課可少一些的話就更好，李小妹會比一、二年級更快樂。因為這位老師所出的回家功課在該校是出了名的多，寫到超過晚上 12 點是正常的。到了下學期導師請病假換成代課老師——陳老師，陳老師的回家功課並不多（都在李小妹可負荷的範圍），但『我們』仍要寫很久。」媽咪很無奈地表示。這也是很多 ADHD 父母的心聲。

媽咪問道：「教授您建議讓小朋友以抽號碼玩遊戲方式，選擇先做的項目，小朋友很喜歡，但是寫字時的問題仍在，媽咪該如何幫助她？」

由於大部分的 ADHD 學童都不愛寫功課，因為重複不斷的抄寫工作，需要長時間乖乖地坐著，且又是重複寫同一個字，所以抄寫生字及圈詞真是件無聊、麻煩又痛苦的事。因此，我建議讓孩子用遊戲的方式來面對寫功課這件事，免得愈高年級一想到寫功課就懶了。所以，之前提供一個方法，當孩子面對五、六項功課不知從何下手時，可準備相對的五、六張撲克牌洗牌後讓小朋友抽，抽到多少數字的牌就得寫相對項次的作業，「抽到紅心 3，就寫第三項作業」。但這只是個讓孩子願意起頭寫作業的方式之一而已，家長也可以採用其他孩子喜愛的活動方式進行。

在抄寫的過程中，ADHD 兒童仍然表現出拖拖拉拉，愛寫不寫，寫寫停停的情形，怎樣辦？首先，家長必須先體認一項事實，孩子小學時父母得「在旁陪讀」是無可避免的事。因此，大部分的家長一直都在旁陪伴孩子做功課到國中，甚至高中，因為ADHD兒童很容易中途分心、發呆，必須有人隨時在旁提醒他們回神，再繼續。當然，也有一些訓練方式可以增加 ADHD 兒童寫字的恆心毅力。例如：李小妹的代課老師已經建議一些正確的方法給媽咪在家幫助李小妹：「……提供您一些小方法訓練，以 10 分鐘為單位，要清楚告訴時間限制（最好能指時鐘給她看），然後規定寫一個小範圍，時間到就檢查，雖然麻煩，但是訓練幾天下來便能看到效果，她往後慢慢延長為 15 分鐘，20 分鐘，半小時，亦可訓練專注力時間的延長，但請您不要心軟。」以上是正確的訓練策略，但有幾個小細節必須提醒家長，首先是在實施前必須先與孩子建立好的

關係，孩子才願意聽你的指示。再者，每完成預定的目標，你必須給他獎勵，如上床前有故事聽或是寫完了可以打電動20分鐘等等，他才願意做。最後，在過程中，你必須不斷地鼓勵他、激勵他。其實，這就是練功夫，練蹲馬步，練恆心毅力，由少做起，是件長久的訓練。對孩子或父母而言，都很辛苦，常需要被獎勵和讚美，功夫才會進步，才會深厚。

體悟到抄寫是 ADHD 學童的痛之後，陳老師做一件很棒的事情，就是將「抄寫減量」當成「獎勵」，改善李小妹的不當行為。陳老師是位很願意跟家長溝通的好老師，常信手就會拿起小白紙，寫下給家長的話。以下是給媽咪的：

「找不到空白的紙，請您見諒！中午我已和李小妹談過，發覺給李小妹使用電腦的時間並沒有很吸引她，在言談之中，減少功課量似乎較能引起孩子共鳴。於是我與李小妹約定好，以上課不玩其他東西為目標，表現好聯絡簿會蓋個『了不起』的章，圈詞可以減寫一遍。如果不佳，則蓋『再努力』的章（圖 4），功課量則與其他同學一樣，希望李小妹會因此較專注一些。」

或

圖 4　陳老師的鼓勵方式。這只是一般老師常用的方式——集點獎勵。但須強調的是陳老師體認到 ADHD 學童不喜歡抄國字，所以，願意讓他們少寫。反之，一般老師都常以罰抄課文的方式當作處罰。這對 ADHD 學童是雪上加霜。

在我的服務經驗裡，一般 ADHD 兒童在校經常會因為小錯而被老師罰寫抄課文或圈詞之類的，陳老師真是仁慈。

當然，之前的導師對李小妹也是很好，在請病假前對她說：「要乖喔、認真喔！聽老師的話喔！」只是導師的學習方式是不停的抄寫，對李小妹及一般同學而言，壓力真的很大。

「之前的導師除了平日功課多之外，週休二日更為驚人，剪報、畫說成語、人物特寫及分類（隔週寫作文用）、讀書心得報告……等等（我們兩人合力，週六要寫八小時，週日六小時）。老師看了李小妹的作文，要幫她報名校外比賽，李小妹就報告老師：

『是媽咪寫的。』」

行為管理策略

目前用來改善 ADHD 兒童最常用且有效的策略就是行為學派取向的行為改變技術。與孩子一起設立明確的目標行為及獎勵後，便鼓勵 ADHD 兒童努力達成，而一旦達成就得給予獎勵，這就是行為改變技術。李小妹有一陣子為了累積財富以便買便利商店前扭蛋機裡的玩具蛋，有比較努力完成學校功課。過程中，媽咪也嘗試用文具、餅乾、點心等當獎勵品。有天媽咪趁她午休時，到便利商店買餅乾、點心，再標上點數，結果李小妹一醒來，就拿起來吃。

媽咪說：「喔！妳在吃囉！下次要用點數來換。」

李小妹邊笑邊吃說：「我的點數不要換點心。」

「每天整理獎勵品是她最重要的事，每個獎品她都喜歡。獎品對她的吸引力比較大，為了集點換獎品，可以有較積極的行為。」這是一開始李小妹實施獎勵制度時媽咪的感觸。

但是，幾個月之後李小妹開始對獎品失去興趣，媽咪就沒有再嚴格執行獎勵制度了，簡化成李小妹只要有表現出約定好的大目標行為，才給予獎品，平時的行為規範就沒有特別要求了。其實，這是不少父母在實施獎勵記點制度之後的結果。家長也不用太灰心，能做到這樣已經相當不錯了。

所以，針對 ADHD 兒童，獎勵的實施有以下幾項原則須注重（Pfiffner, Barkley, DuPaul, 2006）。李小妹的媽咪需要特別注意其中的第五項原則。

1. 管理 ADHD 兒童時所用的回饋，在給予時必須比對待一般兒童更為立即與即時。「立即、非嚴厲、公平」是有效處罰的核心原則。

2. 管理 ADHD 兒童時所用的回饋不只要有立即性，更要「頻繁地」使用，以便建立 ADHD 孩童的行為規範。

3. 管理 ADHD 兒童時所用的回饋必須比一般兒童來得量多或意義重大。若只是偶爾的讚美或譴責，對於 ADHD 孩童的行為處理效用不大。

4. 處罰制度實施前，必須先提供一個適當及充滿豐富誘因的情境或作業，可增強其適當行為。也就是，「正向回饋在負向之前實施」，這是管理 ADHD 孩童的順序原則。

5. 增強物或特定的回饋必須經常更換，因為 ADHD 孩童比起正常孩子，對獎懲結果會更快速地習慣化或有飽足作用。也就是，回饋必須周期性的改變（每二到三個禮拜）以維持行為處理策略之效能。小朋友的喜好總是一陣子就會改變，陪他們一起改變一起成長即可。

6. 「預期」對 ADHD 兒童是個關鍵。可要求 ADHD 孩童口頭報告即將到來的情境有哪些規則要遵守及獎懲制度為何。例如：送孩子到校門口時，就提醒他：「你今天中午吃飯要吃快一點喔！回家就讓你多摺五張色紙喔！不然就沒有囉！加油！」

7. 必須向 ADHD 孩童公開地說明，他們必須對自己的哪些行為負責，要達到哪些目標。例如：「吃飯要快。」「不可打同學。」

8. 行為管理只有當它們被真正實施時才可能成功，即使如此，也必須持續監控及加以修改，才能達到最大的效能。

唯有確實遵守以上原則，成功改變孩子偏差行為的可能性才大。我可以補充的是，如果是針對國小中低年級的孩子，獎勵的方式採「與孩子的互動遊戲」，效果更好。例如：與孩子一起下棋、打球、玩電動、玩撲克牌等等，一起遊戲是 ADHD 兒童較喜歡的活動。但是得以「非指導式」的方式進行，不可以倚老賣老，得像朋友一樣和他們玩。

讓媽咪難過的事

李小妹的級任老師說：「學校要成立資源班，參加資源班以後考試可以加分，學費可以減免。」但是，媽咪覺得這都不是我們想要的，以斬釘截鐵的態度表示不願意。媽咪知道李小妹在課業指導上常會令人生氣，因為她常常跟不上大家的步調，無論上課或寫功課時，她都只想做自己想做的事。所以，需要媽咪很有耐心地在旁叮嚀著她，陪她一起寫。可是，有時難免自己情緒不好，會很生氣地罵她。

媽咪有陣子因為自己身體不好，就拜託經營安親班的朋友幫忙帶李小妹，李小妹就去上安親班。李小妹自從上了安親班之後，每天回家就會問：「媽媽你今天身體有沒有好一點？」「媽咪，你要好好休息，我在安親班寫功課就好了，我好愛媽咪喔！」媽咪心想：「李小妹是為了怕被媽咪罵，所以才故意講這麼貼心的話。因不想被媽咪罵，所以才不排斥去安親班。可是，媽咪的心情真是很複雜，擔心安親班老師不能像媽咪一樣仔細教她，怕她功課落後太多。但是，另一方面如果在家親自帶她，又更怕她長大後只記得媽咪罵她、處罰她，怕她長大後心中沒有愛的感覺，遇到事情沒有支持她的力量。」

後來因為這家安親班的課業輔導方向是以考取私立國中為目標，所以李小妹在學習上顯得相對落後，好心的老師就把李小妹帶在身邊個別指導。可是，一起學習的同學就會經常有意無意地取笑李小妹「有病」或「白癡」之類的，媽咪知道之後，心裡好難過，就沒有再讓李小妹去安親班了。現在每天媽咪仍然和李小妹一起為寫功課奮戰著。

又有一次，級任老師生病了，來了個代課老師，可是代課老師事先不清楚李小妹的情況，糾正了李小妹一些不當的上課行為，同學就七嘴八舌地急著向老師報告：「老師，她是有病的……。」現在媽咪好怕別人知道李小妹是 ADHD。

因為，一般老師知道孩子是 ADHD 患者時，通常都會有意無意地戴上有色眼鏡看待孩子，有時不知不覺就傷了媽咪的心。有一回媽咪在考前與李小妹一起非常認真地讀了社會，結果李小妹考了 8、90 分，媽咪覺得很欣慰，終於努力有了些許的收穫。可是，級任老師在事後檢討考卷時，竟對著考不好的同學開罵：「你們是怎麼了？人家李小妹都可以考 80 幾分，你們丟不丟臉！」

平時級任老師也會質疑李小妹的話，老師要李小妹明天帶清潔劑來打掃，因為李小妹平常在家從沒看到媽咪打掃時用清潔劑，就回答老師：「我們家沒有清潔劑」。「怎麼可能你們家沒有清潔劑，你們家是開店做生意的。」老師時常會這樣質疑李小妹的話。可是，媽咪說家裡真的沒有習慣用清潔劑擦玻璃，當天晚上趕緊去

買了一罐讓她明天可以帶去學校。

李小妹也告訴媽咪：「學校英文老師把我和其他三位同學安排坐在教室的四個角落，老師說不要管我們四個了。我們不上課，她也不會理我們。」即便如此，媽咪還是擦乾眼淚要求李小妹上課時要跟著大家一起唸。

媽咪好想幫李小妹辦轉學，不想讓她受人嘲笑或歧視，可是李小妹自己沒有想轉學，她還是喜歡現在的學校和班級。當然，對於外人的冷嘲熱諷，身為人母的總是感觸特別多。孩子本身在中低年級時，還是懵懵懂懂，沒什麼多大的感覺，這是 ADHD 孩童的優點。但是，請切記，高年級之後，尤其到了國中之後，ADHD 青少年開始了解外人的眼光與態度，甚至內化成自己的自我印象，例如：「對！我就是什麼都做不好、做不對。」「反正我說什麼，你們都不會相信。」

李小妹的媽咪真的很用心、很辛苦！當一位媽媽生下一個 ADHD 孩子，總是滿懷愧疚，尤其家中同時有其他正常的孩子時，就更覺得對不起 ADHD 的孩子，就會更不自覺地想盡辦法彌補他

（她），有時就忽略了另一正常的孩子。媽咪偶爾就會覺得對不起自己的大女兒。李小妹的姊姊很乖，從來不用讓人操心，會自己念書，考上好的私立國中，現在已經在讀一所不錯的高中了。媽咪很自然的都把重心放在李小妹上，怕她長不高、怕她功課跟不上人家、怕她被嘲笑、怕她對自己沒有自信等等。

所以，辛苦的媽咪該找時間休息，如果經濟狀況允許，可以請個大學生來家裡當家教，陪孩子寫作業，或是找個小班制的補習班有良好的輔導機制，符合他們需要個別指導的需求，同時滿足媽咪需要休息的需求。等孩子愈來愈長大，因症狀而來的困擾就會愈來愈少。媽咪就可以漸漸寬心了。

優異的美術天分

雖然李小妹的數學不好，常常需要用手指頭算。國語書寫能力也不好，書寫國字或造句都很慢。但是，李小妹非常執著於畫畫，每個星期六都會去上喜歡的畫畫課，在繪畫上相當有天賦，如圖 5

圖 5　李小妹升四年級前的暑假畫作。

所示。醫院曾經採用畫人測驗評量李小妹的人格及離差智商，由於李小妹把人畫得非常完整且仔細，以此換算出來的智商高達 128，遠高於同年齡的小朋友。當然，對於智力正常的孩子而言，畫人測驗主要評估的是孩子的人格特質，而不是智力。但是，顯而易見的是李小妹有過人的繪畫技術，事實上李小妹經常拿到美術比賽的獎狀。媽咪希望她可以讀美術班，而不是資源班。

像這樣的孩子，學校教育系統只會安排她到資源班加強數學、國語，在個別教育的情況下，他（她）們是會進步的，但是常帶來的是另一種更大的傷害，就是他（她）常會被同學嘲笑，然後變得沒有自信。這是教育當局應該思考改善的，尤其對李小妹這樣有其他方面的才華，也該開個班栽培她，例如：學校設有「美術資優班」讓李小妹也去讀。可能是在傳統思維上，我們就已經定調在「在哪裡跌倒，就要從哪裡爬起來。」而沒有想過，我們是可以「在哪裡跌倒，從別的地方爬起來。」

李小妹總是問：「媽咪，我一定要學數學嗎？」「我一定要寫國字嗎？」

註：甲基芬尼特（methylphenidate）。

大腦中的神經元彼此間的溝通主要是透過神經傳導物（化學物質）的合成、釋放、回收、分解及結合等階段來完成。其中的回收階段是指未與接受器結合且未被分解與清除的神經傳導物會被「回

收轉運器」（reuptake transporter）再帶回突觸前神經元的軸突末梢，此時被回收的神經傳導物有可能被分解或重新裝填進入囊泡內以等待下一次的釋放，如圖 6 所示。神經藥物就是透過上述五個階段之一來改變神經傳導物的效能，而治療 ADHD 的藥物即是作用在其中的回收階段。多巴胺（dopamine）就是其中一種與ADHD症狀有密切關係的神經傳導物。

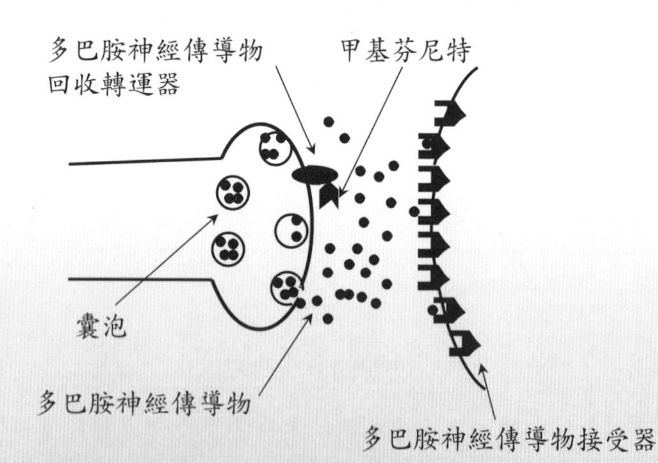

圖 6　注意力缺陷過動症的藥物（利他能或專思達）作用基本原理。

不管是服用利他能或專思達，它們的甲基芬尼特進入腦內與軸突末梢上的多巴胺回收轉運器結合並抑制它的作用，使得釋放到突觸間隙中多餘或剩下的多巴胺無法經由回收轉運器被回收，這些游離的多巴胺就有更多的機會與突觸後神經元上的多巴胺接受器結合而完成訊息傳導的功能，進而改善 ADHD 之症狀（Scahill, et al., 2004）。從甲基芬尼特的神經藥物學原理可以得知，ADHD 的症狀主要是因為他們腦內多巴胺的釋放量不足所致。也就是，ADHD 患者的前額葉與基底神經節之間的神經迴路中所需的多巴胺釋放量不足，所以服用甲基芬尼特剛好可以彌補 ADHD 患者多巴胺釋放量的不足。

服用甲基芬尼特常見的副作用為睡眠障礙（或失眠）、食欲不佳、暴躁易怒、神經質焦急、胃痛、頭痛、口乾舌燥、視線模糊、噁心、昏眩、昏昏欲睡、抽搐等。但是，不是所有 ADHD 孩童都會產生上述的副作用，個別差異很大，可藉由逐步調整適當劑量或藥物種類來改善，多數的副作用是可以降低到可接受的範圍內。

豪不想去資源班

豪今年小六準備升國中，考慮是否要提報鑑定為學習障礙。因媽媽擔心豪的問題行為加上國中的就學環境會對他造成不良影響。如同其他家長一樣，會擔心孩子個性衝動、經常與人衝突及說話很不禮貌的態度，「上了國中會被打死」。

豪的爸媽非常有自省能力，一開始便非常誠懇地告訴我：「我們深知因為在教養方式上的不當，沒有養成一些生活常規及良好的學習態度。造成他現在的學習成就低落，也出現管教方式上的困難，使得他現在出現一些不好的行為，譬如：會隱瞞事情，言談上常避重就輕、閃躲，不願表達心裡真正想法，常想說出想法，但是說了一、二句，就說：『算了，說了你們也不會同意。』也常將不好的情緒轉向弟弟，表現出威脅、不滿或謾罵（應該是學習我們父母的行為）。對我們的叮嚀也常表現出不耐煩。」

「所以，我們正努力學習改變對待小孩的方式，也希望有第三者或專業輔導的力量來引導小孩，在進入青少年時期能得到正向發展。我們希望在改變小孩行為及穩定情緒上得到幫忙，課業成績則是其次。」

豪目前的學業困難

小學六年級上學期，豪的在校課業成績都在中下：國語——丙；數學——丁；英文——丙；社會——丁；自然——丙；藝術與人文——乙；健康與體育 ——丙。有經驗的爸媽應該知道，一般孩子在國小六年級的學業成績考核應該都是優、甲或乙。豪的課業成績實在不理想，但是他的藝術與人文還不錯。

媽媽認為豪目前在學校的學業問題還不少：

「就國語而言，錯字多（常寫同音異字）；語意解釋也常誤解（閱讀理解有困難）；造句組織弱（有造句的習題或試題經常空白不寫）；作文無段落。閱讀時偶爾會發生跳行、漏字的情況，但是

已經日漸改善中。就數學而言，純粹數字的計算能力沒有問題（但常粗心）；無次序性，抽象概念不易理解，常要多次說明、用實物展示給他看或建立簡單題型套用才行，但如果隔一段時間再做相同題型的題目或題型稍有變化時，則需要再一次提示說明，才能解題。此外，數學應用題因文字敘述冗長，無法組織，也常整個大題完全空白，或完全不去閱讀題目。」

從以上豪的表現可以清楚地看到，豪的「組織」能力不好，「工作記憶」能力也不好，這兩項都是常見於 ADHD 患者的認知缺陷，它們不像注意力不足、過動及衝動那般明顯易觀察，它們默默影響 ADHD 兒童的課業學習活動，尤其在大量文字的理解或表達上。當然，它們也會影響到日常生活，例如：組織能力不好造成他們的抽屜、書包及房間很亂等等。「工作記憶」能力也不好，造成他們抄寫黑板上的聯絡簿內容非常緩慢、無法同時記得朋友龐雜的談話內容而說出離題的對話、忘了老師同時交代的好多事等等。所以，我們須很「刻意」地教導 ADHD 患者，如何整理東西、組織上課內容等，例如：畫一張抽屜內的空間配置圖，規範每個東西的空間擺放位置，每天利用 5 分鐘整理歸位，養成習慣後，他們便自然知道該怎麼做，同時也可減少掉東掉西的毛病。

豪的小學發展情形

豪已經快升國中了，但豪的症狀不是最近才有的，從小一入學開始，豪就跟一般同學不一樣。導師經常反應豪的上課情況給媽媽。媽媽用心地把豪小學每個階段的重要事件記錄下來，與大家分享。

小一下：老師反應豪坐不住，注意力不集中（但從未提及是否有 ADHD 情形），我們是自行上網找資料，認為疑似 ADHD。

小二上：到教學醫院（中部區域某教學醫院）做評量，因症狀尚不明顯，醫院告知隔一年再來做一次。

小二下：學業成績開始明顯落後（班上倒數三名內），缺乏學習信心。

小三上：再次到教學醫院做評估，診斷確定為 ADHD，開始服

用利他能。服藥後，上課情形稍有改善，但學業成績仍落後，仍缺乏學習信心。例如：英文學不會，加上又不喜歡老師，幾乎是處於放棄學習狀態。

小三下：開始停藥，學業成績仍然落後（班上倒數三名內），且行為開始會避重就輕，有所掩飾。功課出現漏寫、沒寫的情形，有時也會和同學有衝突。小三下停藥，因為孩子本身覺得服藥對自己沒有多大改變，爸爸也覺得成績並沒有進步，加上當時適逢寒假期間原本就不服藥，所以，就順勢不再服藥了〔國外的研究已經指出，服藥可以有效改善 ADHD 的專注力及動機，但是不見得可以改善學業成就（Swanson et al., 1993）。因為學業成就畢竟與很多因素有關，不只是「專注力」，如教師的教學方式、學生本身的資質、付出的努力等等，因此有人服藥後成績突飛猛進，有人毫無動靜，個別差異太大。父母也不應該期待吃了這個「聰明豆」，就會成績進步〕。

小四上：向班導師探問申請資源班，因班導師覺得豪的情況還好，且班導師也能了解及容忍，用適當的方法建立其自信心，所以在學校我們未尋求其他協助，但平時在家仍會找尋相關資訊。

小四下：參加坊間某學習中心的課程介紹，發現豪有閱讀時跳行、漏字情形。

小五上：開始進行坊間某學習中心的課程，約做半年，但是我們的執行率不高，因為都是要求家長在家自行依指定課程（進度）訓練孩子。訓練之後，豪閱讀時的跳行、漏字方面有改善，會開始閱讀文字類書籍，之前偏向只讀圖畫類書籍。另外，之前容易暈車的情形也有明顯改善。而且下圍棋的能力也進步很多，思考能力好像呈現了跳躍式的進步，因此覺得訓練好像有用。

小五下：功課上，仍因學習習慣不良（不喜歡複習、訂正、準時完成作業等等），加上注意力不集中，學業成績仍相當落後，且行為表現常讓我們擔心，遂向班導師提出想再做資源班鑑定申請。但因該年度改變申請作業時程，班導師趕送申請皆被駁回，至最後當面申覆才列為隨班觀察，也因此並未被鑑定為學障生。

小六上：坊間學習中心的課程已實施完畢，第二、三階段屬於記憶力改善訓練，也是因執行率不高並沒有明顯改善。開學後，學

校資源班安排豪去上課，採抽離上課（國語和數學兩科），但因趕送申請，未事先跟孩子溝通，造成豪心理抗拒，不願到資源班教室上課，學習進度及情況不穩定，但資源班的一對一上課和考試方式，對小孩稍有幫助。該學期第一次考試，數學考到 70 分（之前都只有 4、50 分的水準），國語也稍有進步。但學期末第二次考試又回到之前不好的成績。六上學期前半豪到資源班上課情形，都還算正常，但學期後半就常常遲到。

小六下：開學後，豪到資源班上課不準時的情形仍未改善，資源班老師說是他的學習態度和習慣不好。他以前對不喜歡上課的科目（像英文），就常都用遲到、拖時間方式不進教室。因而，學校提出是否中止將豪安置到資源班的輔導策略。真的不知道資源班的安置策略到底正不正確？

豪的媽媽主要想了解有什麼方式可以幫助豪在功課上能有所進展，並不是企盼孩子能名列前茅，但是總不能太差，老是墊底，造成孩子低自尊吧！

因為豪像一般 ADHD 孩子，智力正常，一般的口語表達正常，外觀上看起來只是個斯斯文文的男孩。但是，六年級上學期豪的學業成績是班上最後一名。所以豪在學習潛能與成就之間有明顯落差，疑似學習障礙。在鑑定資料上，豪的閱讀理解能力及基礎數學概念都明顯較差，被判定讀寫算基本能力有困難。但是，豪的內在能力並沒有明顯的差異，他在學校各個領域的成績都是最後一名，在數學及國語文能力測驗上的得分都同樣不佳，在魏氏兒童智力量表上的語文與作業智商分數之間的差異也不大，都有 100 上下（相差未達 20 分以上）。因此，最後並未被判定是學障生，有可能只是學習動機低落使然。

其實，學障生指的是「注意力、記憶力、聽覺理解、口語表達、基本閱讀技巧、閱讀理解、書寫、數學運算或推理能力等有顯著困難者」。所以，ADHD 兒童經常因為他們的注意力及記憶力困難而表現出學習困難的行為，但是學者已經指出部分 ADHD 兒童的學習困難程度，並不像學習障礙生那麼嚴重，他們的表現經常介於學障生與一般生之間。例如：Kroese、Hynd、Knight、Hiemenz 和 Hall（2000）的研究指出 ADHD 兒童中有一部分的人會表現出

輕微的閱讀或拼寫問題，但仍未達閱讀障礙的標準。這使得這類的學生在教育安排上出現盲點，即不能診斷為學障生進入資源班，安置在普通班又沒有得到適當的協助，豪就像是這類的孩子。幸好，現在有許多學校發現學生有莫名的成績低落現象，就願意安排他到資源班接受課業輔導，而不必然需要具有特教生身分。

另外，Mayes、Calhoun 和 Crowell（2000）調查指出，ADHD 兒童中 70%伴有學障，而其中又以書寫表達困難者占最大比例（65%），其他才是閱讀、數學及拼音上的困難。所以，我個人一直倡議，凡是 ADHD 兒童申請學習障礙鑑定，應該特別留意他是否有書寫方面的困難，而不是像一般的學障鑑定僅局限在閱讀及數學方面的評量。

Mayes 等人（2000）的調查結果也顯示：同時有學障及 ADHD 的兒童會比只有學障的兒童有較嚴重的學習問題，又同時有學障及 ADHD 的兒童也比只有 ADHD 的兒童有較嚴重的注意力問題。更甚者，他們發現只有 ADHD 的兒童（未伴有學障）或多或少有學習問題，只有學障的兒童（未伴有 ADHD）也或多或少有注意力問題，因此，他們認為學習問題與注意力問題是同屬一連續向度，是交互作用，且通常是共存的。ADHD兒童的注意力問題與學習困難息息相關，而不是過動／衝動。

資源班的功能

豪的媽媽介在資源班老師及豪之間，很無奈。「資源班老師會抱怨豪不喜歡去資源班上課，常遲到，造成課程進度受影響，且因孩子不願抽離原班上課，常引起資源班老師不高興。豪回家後，我們也會告知他這樣的行為不對，應該要準時去上課……等等，但都無太大效果。」

「……上上星期，我們跟他再溝通一次，結果原因還是心理障礙，原班級有少數同學私底下說他是笨蛋，才要去資源班等等。所以，爸爸寫了聯絡簿給資源班老師反應豪的心理障礙，原班級老師也去處理班上同學的問題，所以這兩個星期去資源班上課比較正常。」

其實，資源班最大的好處是可以針對學生的個別差異，進行個別化的課程補救教學。因此，ADHD學生或是其他類學生都可以依自己的學習弱點而獲得協助，ADHD學生學習上最大的困難就是常分心、健忘，導致學習品質差，如果採用個別教育，ADHD學生受到較大的關注，與老師有較多的互動，因而較不會覺得無聊，學習效果當然較好，課業成績或多或少都會改善。

然而，值得一提的是，ADHD學生在資源班除了國語、數學的訓練之外，也可以進行智育之外的訓練，例如：可以教導ADHD學生更多更適當的人際技巧，增進他們的人際互動能力，或是教導ADHD學生認識自己、了解自己，增進他們自我控制的能力。這些課程可能是大部分家長想要的，也是對 ADHD 學生非常有幫助的課程。豪的爸媽原先只是希望豪到資源班，主要是對孩子的問題行為進行導正。「也事先向老師聲明不是只為了課業成績（我們自從知道小孩是 ADHD 後，就從不要求他的成績單數字要很好），但總覺得資源班的老師好像只希望看到小孩的成績有改善。」

未來的路

豪的爸媽計畫讓孩子到慈濟中學讀國中，目的是希望豪可以有較好的品格教育及生活常規，豪的媽媽一直沒有將學業成績看得很重，只希望豪有良好的品行及生活習慣。這是對 ADHD 兒童很好的正確期待，讓他們花多點時間在好的生活習慣養成上，一旦有了規律的生活習慣（包括讀書習慣），他們可以不慌不忙地慢慢學習，隨著付出的心力愈多，學業成績也就會慢慢進步。豪的爸媽自營一家旅行社，也有意讓豪長大後接手幫忙，豪平常對人沒有陌生感，很健談，總是笑容可掬地跟人談天說地。第一次見面，就會跟我的助理要電話，很有外交才能，或許以後會是個稱職的導遊。

豪也很有才華，從小一開始就學圍棋，小六時是初段棋士。在媽媽的印象中，豪從小也很愛畫畫，但從未去學過畫畫，也很愛看漫畫書或讀很多課外書。這些都是很好的學習活動，爸媽應該繼續費心讓他多接觸這些活動——繪畫、下棋、閱讀，豪可以在這些自己喜愛的活動中，培養專注、耐心、計畫及組織能力等。

首席薩克斯風

福媽的擔憂

福媽在大學時念的是社工，現在當公務員，從事為民服務的工作，由於個性平和，感情豐富，人際關係相當好。但也因為較感性的個性，讓她一直無法與大兒子處在同一頻道上，和大兒子之間總是有大大小小的衝突。除此之外，家裡只有她一位女性，整天面對的就是兩個兒子的問題（尤其是大兒子），而在外認真工作、自營店家的老公也幫不上多大的忙。福媽好希望有個人可以理解她每天面對的事，尤其是能夠理解 ADHD 的人。所以，我有時成了福媽可以聊天的對象。

大兒子（福哥）準備升國中的那年暑假，福媽在電子郵件上寫道：「看到您寬容的問候語時，眼淚像洩洪般忍不住流下來，原本情緒不穩定的我，就常會被四周的人事物影響。原本就缺乏正面信念的我，凡事比較會往壞處想，比較容易擔心。家裡有個ADHD的孩子，更讓我情緒無法控制。我了解在我的內在有一個嚴格的小孩，對大兒子我忍不住會多罵他兩句，我一直告訴自己這樣不對！這樣不行！要多用鼓勵的方式，但我失敗又失敗，每次罵完罪惡感就會湧起，就會一直罵自己，不可以！不可以！很優秀的孩子會敗在我的手裡，因為我也是被我的媽媽這樣數落長大的，以至於現在人格有些不健全，再加上我先生的問題，他不但不吸收有關ADHD相關的教養資訊，還跟我一樣打小孩、罵小孩，他也覺得是我太憂心小孩的未來。學校老師也認為我太操心，要我把大兒子當作一般孩子看待，他功課缺交、沒寫完、上學遲到、考數學太粗心，要我們懲罰他。這些種種讓我心情無法平靜，所以我最近想暫時放下一切，跟小孩盡量不說話，跟先生幾乎是冷戰，想想我該如何和孩子相處，跟我先生該如何再生活下去。」

以上是福媽在心情非常低落時的表述，福媽確實是個比較容易擔憂的人。其實，福爸在台中地區辦的幾場過動症的親子講座中都有出席。我去聽福哥的演奏會（畢業成果發表會）時，也有見到福爸。福爸已經相當關心大兒子，值得肯定了。

擔憂的源頭

福媽說：「大兒子讀幼稚園（註1）時，上課會聽話的坐在椅子上不會到處跑來跑去，但卻經常發呆，望著遠方出神，老師講完好幾個動作了，他還在原地。小學一年級到四年級老師給的評語都是動作慢、易分心、熱心助人等等。總以為孩子不專心、活潑、愛頂嘴、忘東忘西、動作慢吞吞等等行為，長大後就會漸漸改善。」

在快上幼稚園前（開始很會跑跳時），福媽開始覺得大兒子有點不好帶，總是管不住他。在老家的曬穀場，大兒子總是跟表哥一直跑，互相追逐。要求他做什麼時，他都不願意，顯得不聽話了。到了幼稚園階段，大兒子總是顯得不專心，做任何事都是慢吞吞，穿鞋子慢、吃飯慢，總是跟不上大家的腳步。只有在外面的時候，大兒子才顯得特別活潑，一到空間寬敞的地方，好比學校、火車站或大賣場，就會一直跑，一直跑。也會人來瘋，親戚朋友來家裡，就會話特別多，特別高興，不怕生，很活潑。從小話就很多，會到鄰居家跟人聊天，直到得叫他回家為止，鄰居都開玩笑說：「你這個孩子很適合做外交官。」但是，福哥從上幼稚園起上課就會乖乖坐著，只是在發呆。小時候也不會跟老師或大人頂嘴，到了三、四年級，頂嘴的現象才更明顯，愈長大愈明顯，福媽已經習慣了，將它視為是福哥的講話方式就是這樣。

「雖然幼稚園大班老師曾提醒我孩子的狀況可能到小五時會更明顯，當時並沒有很積極的往醫療方面尋找解決之道，直到孩子真的升上五年級時（除了星期三外，天天上整天課了），功課不是做不完、就是漏寫，第二天就會被打，更慘的是會被再罰寫一遍，增加功課量。每到星期六、日就得拚命補寫功課。」

「每天下午4點，我就準備『剉咧等』，他寫功課兩小時和20分鐘的進度是一樣的，寫功課寫到晚上12點、凌晨1點是常有的事，曾經使用打罵、鼓勵、計時等方法，對他寫功課的速度成效有

限，再加上在學校經常因碰撞、追逐，不斷受傷，這時深深地感覺這個孩子怪怪的。在身心交瘁、無計可施之下，到書局翻閱有關教養的方法，無意中看到《10天內，培養專注力小孩》這本書（陳昭如譯，2010），簡單實用的十天計畫改善孩子注意力不集中的問題，才開始審慎的認識ADHD。」

雖然福媽表示這本書介紹的方法，不見得適用福哥。但是，至少這本書讓她理解到，過動兒不只是大家口耳相傳的那般，上課坐不住、愛捉弄人、會攻擊人，原來還有一種亞型，純注意力缺陷型，上課發呆、忘東忘西、粗心大意、寫功課拖拖拉拉等，這些才是福哥大部分的症狀。福哥並沒有很多明顯的過動及衝動行為，福媽說福哥很膽小，很怕危險，特別怕高。

尤其，當我詢問起福哥嬰幼兒時期的情形，福媽並沒有特別覺得福哥難帶，福媽只記得福哥小時，必須特別用手搭在他身上，他才可以安穩的睡著，不然他會雙手雙腳不自主稍微舞動（這常見於一般兒童）。但是一旦輕壓著他睡，就可以睡得很安穩，甚至很久。福媽對福哥嬰幼兒期的印象就是吃飽睡，睡飽吃。喝牛奶的量及頻率也都很正常，只是到了可以吃飯的年紀，吃飯速度慢了些。所以，福哥在嬰幼期並沒有表現出常見於 ADHD 幼兒的過動症狀（註 2）。或者這是因為純注意力缺陷型的 ADHD 在幼兒期會比混合型的 ADHD 較不具明顯症狀。

開始治療

「剛開始要帶孩子去看身心科會覺得不好意思，所以先到一般診所而且是到台中就診，不敢在豐原，以免被熟人碰見。經醫生鑑定後，確定大兒子患有典型的注意力不足症。當時很自責，是我們大人錯怪他了，從小就因動作慢被打罵，媽媽的心情一則喜，一則憂，喜的是怪怪的孩子終於找到病因，憂的是該不該給孩子吃藥。我上網找相關的資料，請教赤子心過動症協會有關 ADHD 孩子服藥及教養的問題。福哥開始服藥後對寫功課的速度進步很神速，記得第一次吃利他能的情形，那天我永遠都記得，我在煮飯，福哥自己會安靜的寫功課，每寫完一樣都會跑到廚房告訴媽媽：『我寫完了。』心中的那塊大石頭頓時減輕了不少。接下來的考驗是福哥在長期的誤解，不論是家庭或是學校所受到的負面評價，已造成他內心深層的心理傷害，他對自己沒信心，沒安全感，成就動機低落，要如何協助他接納自己是我們大人目前最緊迫、最努力的課題。」

首席薩克斯風

小學三年級起，福哥就開始在坊間的音樂教室以一對一的方式學吹薩克斯風，到了六年級福哥已經是國小管樂團的首席薩克斯風手，畢業公演當天，我也出席幫他打氣。那天他總是在台上不時微笑地望著我們（親友團），他是如此的快樂與驕傲，吹起薩克斯風相當有架勢。福哥對薩克斯風相當熱愛，經常練習，小學時功課壓力不大，同時為了讓福哥有個專才、興趣，福媽也就忍著家中不寬裕的經濟，讓福哥及弟弟加入學校的管樂隊。這段時間母子的衝突較少，福媽提到福哥在薩克斯風上的表現，總是感到相當得意，有這麼優秀的兒子。「福哥對音樂相當有興趣且敏感，他可以把聽到的樂曲寫成樂譜，然後演奏。他的手很巧。」

可是，上了國中，福媽考慮福哥的功課分量，因為練管樂團總是需要不少時間，再加上當地國中的管樂團並沒有像國小般那麼有規劃。所以，福哥上了國中之後（國一），就沒有再練薩克斯風了。當然，福哥對此感到很遺憾，因為他真的對音樂很有興趣，除了薩克斯風之外，他也很想學鋼琴。

「沒關係，你不讓我練，以後讀高中之後，我可以自己練。陳老師（國小管樂團的留德指揮老師）也是到了高中才開始學長號，最後一樣很有成就。」福哥表現出對音樂的執著。

沉迷網咖

升上國中那年暑假，福哥卻開始染上泡網咖的惡習。福媽因為是上班族，暑假無暇陪伴孩子，也考慮上國中後，功課須加強，就安排福哥去補習。整天都在補習班，但也因此，福哥開始交到不愛讀書的朋友，開始利用下課的空檔泡網咖，玩線上遊戲，也會花上

2、3 千元買線上遊戲需要的錢幣及寶物。

最讓福媽氣急敗壞的是，有一回，半夜三更，福媽突然在深夜裡起床，到孩子的房間看看，結果發現福哥竟不在床上，不見了。福媽急得把先生叫了起來，兩夫妻在深夜裡，滿街找兒子，跑了市區的幾家網咖後，仍然沒有看到福哥的身影，真是急死人了。福爸這才想起昨天晚上睡覺前，福哥還特地告訴福爸，明天早上學校有事，自己會早一點到學校，不用叫他。原來，福哥是有計畫地騙爸媽。

最後，兩夫妻決定到學校門口堵人，等了好久，直到 7 點，都快到了上學遲到的時間，福哥才到校門口。這一回，福哥很坦白地承認自己去了網咖。福爸和福媽就帶著福哥一起進學校，找導師商量該如何管教福哥，改掉沉迷線上遊戲的惡習。還好發現得早，比較容易補救。

福媽採用疏導的方式，有條件、有限制地的讓福哥在家玩線上遊戲，並沒有馬上完全禁止他玩。自從上網咖被逮的事件後，福爸偶爾也會加入陪福哥讀書的行列，父子關係也變得不錯。因為，有家人在家陪伴時，福哥就很會跟爸媽聊在學校的所見所聞，也會詢問爸爸一些青春期的問題。

學校的社團老師也很幫忙，願意帶福哥，讓他學攝影，學習影像編輯軟體，讓他幫學校的一些慶典活動拍照，然後製作成完整的影像編輯檔。福哥表現出很高的學習意願，也做得很好。不當的上網行為就減少很多。

當然，過程中也很辛苦，剛開始時福哥因為被限制零用錢，為了買線上遊戲所需的東西，福哥竟帶著自己的玩具到補習班向國小學生兜售。有一次，一個小朋友買了福哥的東西後，後悔想退，福哥不肯，起了衝突，才東窗事發。福哥仍然偶爾會去網咖，有時下課時間仍然不正常，偶爾也會說謊來掩飾自己的犯行。

如果當天晚上有補習班的課，福哥 4 點下了課，就直接到補習班，但是不會主動寫功課，而是跟同學聊天，而且聊的是線上遊戲。也是在這個空檔時間，福哥將家裡的玩具變賣給同學或國小生。事發後，福媽就開始接送福哥上下課，不讓福哥下課直接到補習班去，無所事事。

另外，福媽也覺得福哥缺乏社會規範的概念，常常在教導他相關的社會規範時，他會不以為然，「有什麼關係，反正我現在沒錢，這些玩具我又不玩了，把它賣給別人，這樣很好啊！」福媽就覺得，跟他講道理，他都不聽，很令人生氣。

學校表現

福哥的國中一年級上學期的成績並不是很理想，班上排名總在中下。福哥讀書很被動，不愛複習功課、不畫重點，數學用看的、不用手算，社會科更不常背，所以考得更不好。

有一陣子，福哥的導師請長假，來了個很強勢、很傳統的代導師，她說：「我都不會講學生，我只會打學生，你們不對，我就是打。」而且，是用很恐怖的那種打法，像女生綁馬尾，她就用一手抓起來，左右用力甩。不然，就用籐條打個五十下、一百下。即便已經被家長告了好幾次，也上過報紙、電視社會新聞，被記大過，但是這位老師仍然不改她的嚴厲風格，是大家都知道的黑牌老師。

當然，這位老師有過輝煌的求學過程，北一女畢業，台大畢業再轉戰教職。因為，未婚且沒有小孩，全心投注在教學工作上，如果學校有人需代導師，她就成了不二人選。

但是，這個老師對福哥的評價卻是正面的，認為福哥是可造之材，甚至不讓福哥到資源班去，會直接叫他回來，「你不准去，你不是去那裡的人，你不准去。」即便福哥上課會有一些小狀況，她也不覺得他是過動兒，叫福媽不要讓福哥吃藥。

她對所有學生都定下一致的標準，只要不達所定的分數就打，在這樣的氛圍下，福哥進步了 30 分。福媽很驚訝，福哥在這種強硬的壓制之下，不會反抗，反而會進步。為什麼？以前福媽也會採強烈的管教方式，為什麼就沒有效？

這種現象有幾點需要澄清。首先，就國中生而言，「易子而教」常會得到較好的效果。因為母親或父親在孩子心中，總存在許多的情感糾葛，會造成父母親對孩子的學習情形是不客觀的，會用很多先入為主的觀念看孩子的學習，孩子對父母也已有很多刻板印象，造成孩子不願聽從父母的教導，學習施展不開，親子間彼此都

無法摒棄前嫌，重新開始。反之，一般老師可用客觀的態度一視同仁的看待孩子學習，孩子比較不會感到有壓力。福媽也說福哥比較能夠接受學校老師的話。

再者，孩子對老師比較有專業上的尊敬與信服，對自己的爸媽不會，即便自己的爸媽是老師，亦然。此外，ADHD 孩子上了國中後，更需要有紀律的時間管理，因為功課量變多。而他們本身天性就較被動，需要別人強而有力的要求、提醒，才能進入狀況。所以，有些 ADHD 的孩子上了國中，進入私校，反而成績會變好，因為私校通常會紀律嚴明地規範學生何時自習、何時考試，非常仔細地安排每個進度要求，恰好補強原本組織能力就弱的 ADHD 孩子，他們原本散漫的行為模式就會被有效地規劃了。而福哥的這位導師恰好滿足以上的條件，學業進步的效果就出來了。但是，值得提醒的是這位老師一定也有對學生好的時候，不至於是個失去理智的瘋狂老師，只是比較嚴格的老師而已。福媽開始擔心，如果這位嚴格的導師過陣子不再擔任福哥的老師，成績是不是就又下降了。

註 1：ADHD 患者在幼稚園階段的行為特徵。

3 至 5 歲的特徵。3 至 5 歲的兒童有高活動率是很正常的一件事，所以他們表現出注意力不足與衝動是很常見的現象。因此，在這個發展階段要分辨一般或 ADHD 兒童非常困難。加上幼稚園是以遊戲為主的學習環境，因此除非進行特別觀察，否則不容易區分出正常及異常行為。但是如果症狀十分明顯，已經干擾到其認知功能的發展或語言的學習時，還是可以藉由比較同年齡兒童的發展程度來加以診斷。

5 至 6 歲的特徵。此時 ADHD 的問題就會逐漸一一浮現，那些後來被認為患有 ADHD 的兒童，此時大都會顯現出下列的行為型態。但是，這些現象亦可能因憂鬱、不安、躁症及其他情緒障礙等因素所引起，因此須特別留意，而這些因素的區分就是專業人員，如臨床心理師，可以提供協助的地方。

1. 與同年齡層或兄弟間的打架次數頻繁。

2. 有時在無特別原因的情況下，會有非常憤怒的傾向。

3. 部分 ADHD 兒童具有高攻擊性。
4. 因盲目的玩耍方式或行為而容易受傷。
5. 整體而言，活動量大，不太喜歡聽從爸爸、媽媽或老師的話。
6. 對與其他小朋友同享玩具或依順序等待感到困難，或常常擅自去搶別人的東西。
7. 無法完成有結構性或有訂定目標的活動，如塗顏色、畫圖、遊戲等。
8. 老師會給予「很不好管」或「行為上有問題」等的評語。
9. 雖然大肌肉運動技能發展正常（例如：跑步等），但在語言能力、畫圖、使用剪刀等，對要求協調性的小肌肉活動則較落後。
10. 也可能持續有幼兒睡眠問題（睡眠中時常醒來，不規則的睡眠習慣）。
11. 注意力集中時間比其他兒童短，而且容易散漫。

註 2：幼兒期 ADHD 的症狀。

ADHD兒童在幼兒期時，通常不會有太過明顯的症狀，只會有一些特定的活動型態，當然不能只靠這種現象來判斷孩童是否患有ADHD。而是到了學齡時期，如被懷疑是ADHD兒童，則過去幼兒期的種種行為，就可有效幫助醫師進行診斷。幼兒期的症狀包含：

1. 喝奶時不太會吸吮，或在喝奶的過程中哭鬧，需要以少量多餐方式餵奶。
2. 睡眠時間非常短，或即使入睡亦常醒來。
3. 常常哭鬧或感到煩躁、會有坐立不安的感覺。
4. 過度的吸吮手指或撞頭、往前後方向搖擺身體。
5. 等到會爬行時，不斷地四處亂爬。
6. 日常生活非常不規律，如睡眠與喝奶等。
7. 大小便訓練非常困難。

嘉嘉媽媽的尋校記

「我和孩子都認為現在安置的班級不適合他。但是學校（方面）認為安置的班級已經是全校最適合我的孩子了。質疑我們到底要的是什麼?」

「我兒子最近剛從南投縣某個私立學校轉回台中市這個公立國中，因為他是過動兒，輔導室的特教老師將他安排在一個年輕、漂亮、沒什麼脾氣的女老師班上，因為全校其他班的老師沒有人願意接納我的孩子。她剛開始非常友善、也非常有耐心、常打電話給我，告知我的孩子在學校的狀況，雖然大都是又惹出什麼麻煩之類的事。我都會向她道歉，但是那些大都是過動症（患者）的特質。可是，老師似乎不認同，她認為主要是媽媽的管教失當。如果不好好管教他，將來該如何出社會？她認為孩子不是過動症。老師是位教美術的老師，剛接導師工作，沒有特教背景經驗。她非常尊重班上同學的意見，但班上亂成一團，在班上沒幾個同學理她。」

媽媽的尋校記

嘉嘉原本在南投縣某個私立中小學就讀國小及國一，剛去時是小學三、四年級，跟班上同學及老師都有所衝突。幸運的是五、六年級是遇見較願意傾聽他心聲的導師，學校生活就適應得不錯了。

但是升上國一時，由於私中學生的素質比較好，與同學相處沒有多大的衝突，可是老師向媽媽反映：「嘉嘉上課愛發問會影響上課進度，為了班上其他同學的權益，請您將他轉學到有特教資源的一般學校。」

「但是，我學區的學校告訴我，學校已是爆滿班狀態，請我將孩子安置到其他的學校，經我多方的打聽與詢問的結論是，○○國中有著全台中市最多心評資格的教師，全校師生比也沒有過多，每班班級人數約三十至四十人之間，應該很適合我的孩子。」

但是，剛到○○國中輔導室報到時，輔導主任卻很客氣地向媽

媽表示：「我們學校特教資源不是很多，也許你們可以考慮換到其他更多特教資源的國中，在那裡您的孩子應該可以得到比較好的照顧，例如：△△國中。」

媽媽著急地表示：「如果貴校沒有特教資源足以照顧我的孩子，當然我會向台中市特教中心提出異議，但是我的孩子已經三天沒有到校，會被提報為中輟生，該怎麼辦？」

這時，○○國中年輕的特教組長已經帶來資源班老師及班導師，向媽媽介紹並說明安排嘉嘉即將進入的班級、班級導師及班級狀況等，媽媽向班導師描述了一篇孩子之前就學的情形，導師也客氣地表示，她目前班上的學生還算和善，沒有特別狀況的孩子，歡迎嘉嘉來上學。於是，嘉嘉暫時找到願意收留他的學校了。可是，這只是另一個惡夢的開始。

嘉嘉的學校及班級適應

<上學第一天>

班導師早上打電話給媽媽，表示嘉嘉今天還沒有到校。媽媽向導師表示，嘉嘉可是一大早 6 點 30 分就已經出門了，應該是出了什麼狀況。媽媽趕緊下樓察看，竟看到嘉嘉滿頭大汗，在弄著他的腳踏車，抬頭看到媽媽時，眼淚都快飆出來了。因為，他一直沒有辦法將學校規定的貼紙，貼到腳踏車上。昨天生輔老師可是明確地說沒有貼紙，不准進校門。媽媽只好趕快騎摩托車載嘉嘉上學去。

到了傍晚，媽媽要去載嘉嘉回家，因為還沒放學，媽媽就進入校園，四處閒逛，看見籃球場上有一群叼著菸，滿口髒話，身穿制服的學生，一群男男女女，正嬉戲怒罵追逐著。媽媽走過去友善地向他們微笑示好，可是，這群同學竟囂張的回嗆一句：「幹 XX，看什麼看。」

這也是媽媽對這個學校的第一印象，心裡不免開始擔心了起來。但是，我必須公平地說，每個學校總是有幾個品行比較不好的學生，第八節課正好是該校的輔導課，不上輔導課的幾個同學就會在校園內逗留、嬉鬧。大部分同學都是規矩地在教室內上課。

＜上學第二天＞

嘉嘉下課回家後，向媽媽表示，班上有同學吐他口水，還嗆聲說，他很白目，要小心看路，不要被人砍。

班導師晚上也打電話來告知學校規定要穿制服外套，天氣一下子變冷了，希望媽媽去購買。媽媽表示目前市面上外套缺貨，買不到外套，班導師表示可以穿前天穿的那件紅外套，且嘉嘉在班上適應一切良好。媽媽於是向老師表示有同學向嘉嘉挑釁。

後記：之後幾天，在下課時間時，嘉嘉有時穿上這件紅外套在教室外閒逛，因校規是不可穿便服外套，嘉嘉會因而被訓導主任糾正並處罰。導師就要求他不要穿著它到處跑。但是，嘉嘉總是不理會導師的勸說，導師很生氣。

<上學第三天>

充滿擔心的媽媽，親自到學校教室外，觀察嘉嘉在班上的上課狀況。當時，班級秩序很紊亂。

「只見，一位女老師站在講台上，教室座位前半段同學正和老師討論、抬槓，後半段座位同學則有傳紙條的、講話的、吐口水的、全班亂成一團，只看到嘉嘉坐在椅子上，自得其樂地神遊四方，魂都不知飛到哪裡去了。」

晚上，媽媽和嘉嘉討論如何找回他的專注力時：「嘉嘉認為上課班級秩序不好是造成他無法專心的問題。很多同學會干擾他，這個班級的凝聚力不夠，學習風氣不佳，是因為沒有一個好的班級領導，獎懲規則不明確，沒有人願意負責當執法者，各掃門前雪，大家都樂於和老師玩貓捉老鼠的遊戲，只要老師一離開，班級就會亂成一團。」

媽媽認為這個班上有一些同學不斷地試探嘉嘉的底。下午有別班的同學將他圍住，向他恐嚇取財，要找他單挑。嘉嘉回嗆他說：「你要想清楚，我是記過四支大過，加上空手道黑帶，不怕斷手斷腳的儘管過來」。嘉嘉表示，會被記上四支大過是要參加多少戰役，才能累積出這樣的功績，沒這樣怎麼能嚇退他們。

聽到消息的班上同學後來向導師查證，導師「誠實的」表示說，嘉嘉是嚇你們的，他沒有被記過四支大過。同學們於是認為嘉嘉是個愛虛張聲勢的騙子，只是黔驢技窮，膨風的氣球馬上被刺破了。

媽媽於是乎開始覺得除了特教老師很接納嘉嘉之外，其他老師們都在幫倒忙，根本就沒有在協助嘉嘉。

「我兒子一去班上就被同學欺負，被同學勒索、要錢、嗆聲、要單挑打他。我這個老媽就很雞婆的報告老師，結果情況更糟，兒子上學半路就被堵、追打，他不敢再告訴老媽，因為老媽和老師是同個類型，容易大驚小怪，愈幫愈忙。男孩子的世界自有男人的一套辦法是老媽無法理解的，所以他就不動聲色地默默承受。」

＜上學第四天＞

早上寒流來襲，天氣變冷，嘉嘉要出門時，沒穿外套，媽媽拿著紅外套，追著硬要他穿上，雙方僵持好久。嘉嘉才出門沒多久，就接到學校一位男老師打電話來說，嘉嘉沒穿制服又沒帶駕照（學校自製的單車駕照），手機又沒關，還跟他拗脾氣，一直狡辯、耍性格，連腳踏車都不要，沒看過學生脾氣那麼大的，目前人、車都在訓導處。

媽媽連忙向老師抱歉。但是媽媽又覺得嘉嘉是剛轉來的，學校老師沒有交代駕照要隨腳踏車攜帶，加上媽媽知道嘉嘉常常掉東西，所以就擅自將駕照收起來保管。怎知，每天嘉嘉都得帶駕照才能騎腳踏車上學。

媽媽還說，目前買不到制服外套，班導師說可以穿自己的，今天他不要穿，是我硬要他穿上的，他早上出門時已經在發脾氣了，實在很抱歉，他是特教情障生。

訓導主任了解後，表示腳踏車和外套都得在訓導處暫時保管，下課後，會叫嘉嘉來領回去。

「嘉嘉回家後，就抱怨今天都是媽媽硬要他穿外套，害他太慢進學校，才會遇到導護老師，又因為老師無理取鬧，專找他毛病，所以他很生氣才向老師發脾氣，結果才被叫到訓導處訓話。但是老

師沒有處罰他，他自己愈想愈覺得自己錯了，因為老師並不知道他是轉學生，基於職責一定要糾正學生的錯誤，他還跟老師大小聲，所以他很想跟老師道歉，並謝謝他的包容。」

＜之後的日子＞

在接下來的日子，嘉嘉的學校生活只是每下愈況而已。

媽媽開始抱怨：「在課堂上，同學會一再地挑釁他、向他吐口水、罵他髒話、干擾他上課，讓他上課分心。以前，他如果要讓自己專心，一定會遇到聽不懂的地方馬上問。現在，他只要問個問題就會被旁邊同學攻擊，笑他問這個什麼白癡問題（「悶那什白目話（台語）」）。兒子一直無法融入班上，媽媽就向老師反映要讓嘉嘉換位子，結果同學一直計較，說老師偏心喜歡新同學，老師就不敢換。依規定只有成績好的同學，才可以選擇自己的位子。」

「我兒子為了要專心上課，不要一天到晚被叫到輔導室，能和自己合得來的同學坐在一起，才願意好好努力準備考試。可是當他考好時，同學卻一直說他作弊，成績不幫他登記。只好抱了一堆鴨蛋，反正有讀書也是鴨蛋，不讀書也是鴨蛋，跟老師說後，考卷交給老師才順利登記成績。」之前同學捉弄他，老是說他作弊，不讓他登記成績，嘉嘉有時就會被激怒到抓狂，最後翻桌子收場。

最後，為了讓嘉嘉能夠融入班級，同學能夠接納他。媽媽自行設計一個局，也要孩子配合演出，也就是要嘉嘉故意作弊，再次引起同學不當的指責。讓媽媽可以有個藉口要求導師讓她進入班級和他們一起上課，讓她可以試圖感化那些經常挑釁嘉嘉的同學。奈何媽媽事前沒有與導師充分溝通好，結果引爆一發不可收拾的衝突點。導師竟將矛頭指向嘉嘉，氣沖沖地說嘉嘉作弊要記大過等等，完全不按媽媽計畫的腳本走。最後，可憐的是無辜的嘉嘉，在校被導師叫到輔導室，要處理他不當的作弊行為。回到家，嘉嘉更是氣得跳腳，鬧著要自殺，不斷指責老媽出賣他，家中的家具被摔得爛成一團。媽媽當晚也氣炸了，斥責導師不按照原本的約定，當場馬上讓嘉嘉再考一次，把她家弄得像引爆的火藥庫一樣。媽媽說她對老師發飆了。

媽媽向我表示，嘉嘉會告訴媽媽:「我每次生氣無法控制情緒、抓狂時，自己心裡都好難過，因為在大家面前出醜，像個精神病，

讓大家害怕。真的不願意嚇到同學。」帶過嘉嘉走過小學五、六年級的賴老師也說，嘉嘉常覺得很對不起三、四年級的老師，很後悔當時對老師做出那麼多的對立反抗行為。

「可是，學校的特教老師卻只是一再地等到衝突發生了，他才可以了解並願意處理他的情緒爆點。嘉嘉的醫生並不認同，他認為現階段最好是換班導（轉班），特教老師要我提出我們要怎樣的教育需求，我不知該如何是好？」

至此，媽媽已經心力交瘁，向台中市教育處申請召開個別教育計畫（IEP）會議。

事後，我到學校聆聽媽媽與導師的立場與說詞時，她們雙方才知道這真是一場大鬧劇，雙方嚴重溝通不良，導師根本是「鴨子聽雷」，完全不懂媽媽講的這一段。

嘉嘉國中之前的樣子

「我兒子小時候之所以被發現是ADHD兒童，是因為在嘉嘉6

歲時不服我的管教，我氣到打了他，他就意外受傷，急診送醫，被通報為兒虐事件，接著才被診斷出為 ADHD 合併妥瑞氏症，當時因為還很小沒有服藥，一直到小三才開始服藥迄今。」媽媽總是如此帶著懊悔向老師們解釋，請大家相信嘉嘉確實是ADHD，而她不是沒有管教過孩子，反而是曾經不當管教過孩子。

媽媽認為，嘉嘉注意力不集中的問題要麻煩任課老師多留意，只要他上課沒有發言問問題，就表示他已分心，雲遊四海了。這時，只要向他提問，就可將他的注意力拉回課堂中。而過動與衝動的部分，只要老師的處遇得當（也就是容忍度高），他是可以在一般教室上課，以靜音方式不干擾同學上課。

嘉嘉從小接受過行為矯正訓練，班上的獎懲規定只要事先清楚明白地告訴他，他是可以和大家一起遵照約定。但是，他因為常常分心，容易對別人的話或所發生的事斷章取義，然後又很固執地認為自己所認知的訊息才是正確的，而常常犯錯或是與人起爭執。老師如果不了解他認知上的盲點，而一味地處罰他，他就會覺得被冤枉，進一步不服管教，反抗老師且據理力爭。

反之，如果可以在他犯錯時，先同理他的情境（易分心所致），且相信他不是故意犯錯，給他一點空間與包容，他就會主動去認錯與接受處罰。此外，他最怕的處罰是寫課文，要他一直安靜地坐在位子上寫字是他最痛苦的事。

嘉嘉的智商 138（屬天才範圍），但是脾氣固執，愛爭辯。情緒很容易受班上氣氛所影響。嘉嘉在南投的私立國中曾發生過一些適應不良的狀況。例如：嘉嘉每次清潔工作——掃地總是掃不乾淨，一再被處罰，從罰寫十篇心經到一百篇心經，還是掃不乾淨，有一回就頂嘴問老師：「到底是哪裡沒乾淨？我已經掃五次了。」

老師認為他的態度不好，叫他去佛堂向佛祖懺悔，想清楚自己哪裡錯了，嘉嘉告訴老師他不想去異教徒的佛堂。老師改要他去走廊背熟心經，想清楚自己哪裡錯。嘉嘉就抓狂地說：「我不背邪魔歪教的經文。」很生氣地掀了老師的桌子，媽媽趕到現場看到已經哭得不成人形的孩子，被關在一個房間中。學校科任老師、導師、主任都接連數落嘉嘉的不是，且聲明他們已經給孩子很多的特權與待遇了。

媽媽認為私立學校有自身的壓力，需要面對其他班上孩子家長的期待，壓力也很大。學校表示沒有足夠的資源與能力來照顧特教的孩子，請媽媽帶回去，不然，以他目前忤逆師長的態度，是要被記四支大過，勒令退學的。後來我們才尋求特教體系轉回台中市〇〇國中安置。

媽媽認為嘉嘉在教育上須協助的地方

媽媽認為嘉嘉經常粗心大意，不注意細節，易被外界吸引而分心，無法持續注意力，心不在焉，有聽沒到，交代的事無法完成，無法安排工作或工作散漫，常掉東掉西，作業、考卷、錢、衣服常常不見，造成功課及其他活動中許多錯誤。他自己都認為是已經遵照老師的交代做好，但老師總認為他是強辯、無理取鬧，要給予處罰。

最近，學校內發生的幾次令他情緒無法控制抓狂的狀況，都是因為他無法得到認同或同理，面對自己的能力不足與情緒控制失敗

時沒有喘息的時間，沒有被原諒的機會。每次的衝突發生都會帶給他很大的壓力與打擊，他很愛面子，都是當他能力不足，做錯事，感到無助與恐懼，被逼急了（完全不留情面）才會抓狂，但是事後他都會很自責，很難過自己在眾人面前出醜丟臉。

很多事情，導師認為他可以做得到，現在如果不好好的糾正，以後怎麼到社會上生存，為什麼嘉嘉還要強辯。其實，不為什麼，只是他目前的能力真的做不好，但同齡的都做得到，所以面子掛不住了，被說得深感羞愧，才轉而生氣、抓狂。

他是家中長子，媽媽照書養，只要有狀況發生，媽媽一定去請教彰師大的教授或醫師，小學五、六年級時，他是 ADHD 教養成功的案例，但上國中後，他開始跌跌撞撞，適應不良，和老師間溝通不良，媽媽認為主要是彼此的了解與信任不足。

所以，媽媽認為嘉嘉的教育需求如下：

1. 嘉嘉上課時，很容易分心，受到同學的干擾，所以他需要在一個秩序與讀書風氣良好的班級環境。而現在，同學經常挑釁他、取笑他，讓他不易安心上課。因此，需要老師管理好秩序，且在學習過程中經常的提醒、關注他，例如：老師在課堂上要求所有同學的上課秩序，且多問他問題。班上之前代課的數學老師，班級秩序及學生們的專注力就掌控得很好，每到一個題型段落就會抽籤、提問或上台寫題目，每個小章節就會考試確認孩子是否懂了。此外，如果嘉嘉發問的問題有點長篇大論，就請他課後私下跟老師討論即可。

2. 當嘉嘉犯錯時，要包容，相信他一定有自己的理由，不是故意的。他真的認為他做的是對的，且固執的如此認為，絕不是強詞奪理。請老師先不要生氣，請再一次清楚明確地說明相關的規定或方法，告訴他該怎麼做。請再給他一次機會且相信他一定會做得很好。

3. 嘉嘉需要大量的運動來發洩他多餘的精力，否則他會愈晚愈亢奮，整夜找人說話，無法入睡。

媽媽的尋校記（第二部）

由於在○○國中的IEP會議上，媽媽希望嘉嘉轉班的意願沒有被校方接受，校方、府方及我都建議讓孩子回原班上課，因為導師也已經更進一步的了解嘉嘉的「習性」，與媽媽的誤會也有所化解，一切當有所改變，讓老師及孩子都有再次學習與適應的機會，總不能一面對困境，不到一學期就逃避吧！

可是，情緒難平的媽媽，回家後與嘉嘉談了好久。嘉嘉決定不要再去受辱和受欺負，所以我尊重他的選擇，先中輟，再選擇其他學校安置。過了幾天，媽媽又說：「我和嘉嘉經過些時日的冷靜與沉澱後，嘉嘉決定要勇敢地重返校園，不當個逃兵，回到他原本該就讀的學區內國中。」

但是，這次的重返之路又一如往常的艱辛。學區內的國中一開始就婉拒了他。在電話中，輔導主任希望嘉嘉在轉學過程中，放慢腳步，不要那麼急著做出決定，讓孩子重回現場有機會去學習成長，回原本的學校——○○國中，去學習面對衝突及解決問題的能力，找回成功經驗，而非選擇逃避問題，馬上幫孩子轉學。

媽媽認為現在該由嘉嘉自己決定了，當初，是她自作主張地認為學區內的國中（台中市知名的明星學校），並不適合過動兒就讀，才選擇南投的私立國中就讀，無論在讀書環境、師資人力、升學率、品德教養等條件考量下，這所私中比較符合媽媽心中的標準。

後來，在私中嘉嘉與老師之間發生衝突，媽媽又自作主張地將嘉嘉轉到○○國中，其實當初嘉嘉一開始是不願轉學的，也不轉到媽媽所提議的○○國中。當初嘉嘉想轉回學區內的學校，因為有很多以前的國小同學在那就讀。可是，媽媽又打聽到消息，知道過動症協會中有幾個孩子就是在○○國中，讓某個男老師帶得很好，也順利考上台中一中，當中目前還有人在台大就讀。媽媽希望嘉嘉可以被安排在這位男老師的班上，無奈又事與願違，不但嘉嘉沒有在那位男老師的班上，又與同學及導師處得不愉快。

所以，這回媽媽堅持的理由是，轉回××國中是孩子自己的選擇，且這裡本來就是他的學區學校，之前都是因為媽媽自以為是地

到處為孩子選學校，介入太深，才會讓他受傷。

這一次媽媽的體認是：「生命是一連串不斷的冒險，面臨不斷的選擇，此時我和孩子並不預設立場，我不再以做長輩的視野，去堅持自以為是的專業選擇，我要以陪伴孩子成長的方式給他支持，陪伴他建立信心，尊重孩子自己內心真正的需求。」

結果，當媽媽帶孩子到××國中辦轉學時，輔導主任卻要孩子重回○○國中，因為××學校中只有一位年輕且剛來的菜鳥老師，他的班級亂成一團，她可以保證嘉嘉一定無法適應，她會跟○○國中的輔導主任拜託，讓他們回去，而且還表示會說服嘉嘉回去○○國中。

於是，她和嘉嘉談了快兩個小時，就說嘉嘉已經願意回去，要媽媽明天帶孩子回○○國中，所有的事，媽媽都不用擔心。

可是，媽媽看到嘉嘉嘟著嘴猛搖頭，就回主任說：「孩子明明就不願意，您不要強迫他好不好，我之前就是用這種強迫的態度逼孩子就範，請您尊重孩子的意願」。

結果輔導主任大聲地斥責媽媽，不該如此寵孩子，以後這孩子升上二年級會變得無法無天、無法管教，後果得自行負責。

媽媽馬上反擊：「這學校如果沒有心要以孩子的需求來安置孩子，謝謝您，我們不會報到。」當然，媽媽又是哭著回家，感慨都市特教孩子的求學之路怎麼會這麼辛苦。

隔了兩天，氣總是會消的。媽媽又向我表示：「若不回學校，嘉嘉變成中輟生，不就變成真正的壞孩子了，他的冤屈不就無處可伸。他要自己處理，希望媽媽就不要再管了。」

媽媽又再次帶著嘉嘉，去××國中輔導室報到，輔導主任臉臭臭地蓋了章，她的認輔老師帶嘉嘉去找班導。當看到班導時，媽媽又覺得班導是一位 20 幾歲年輕活潑的英文老師，又想送她幾本過動兒教養的書。可是又擔心重蹈覆轍，被指責對老師下指導棋。

「我真的很擔心班導沒經驗，又讓孩子受傷？我這樣會不會又介入太多？請問我該怎麼辦？」

總是先抱著高期望，又放不下心來信任學校

嘉嘉先前之所以讀南投的某所私中，是媽媽認為學區內的國中並不適合過動兒就讀，其實這個國中是台中市知名的明星學校，最多家長將戶籍遷到這個學區來。嘉嘉的一些小學同學也會在此就讀。可是，媽媽認為埔里的私中，學生經過篩選，升學率也不錯，多方考量後，不管孩子的意願將他送到私中就讀。怎料，後來嘉嘉不斷與人發生大小衝突，迫使媽媽常常在夜裡，急忙帶著女兒從台中趕到埔里協助處理，最後，老師們的耐心用完，嘉嘉被請離開學校。

嘉嘉之所以讀○○國中，除了媽媽自己當年也是讀這個國中之外，主要是因為媽媽打聽到過動症協會中有幾個孩子在○○國中，被某老師帶得很好，也順利考上台中一中，還有人最後上台大。「我特別告訴特教組長，我的孩子就是需要一個班級經營能力強，嚴格一點，帶過過動症孩子的男老師，例如：某某某老師，他的班上目前學生數三十三人，是否可以進他的班？」

「特教組長表示會努力協調，徵詢最適合孩子需求的班級，結果去學校報到時，才發現導師是位年輕漂亮的女老師，完全沒帶過過動症孩子的經驗。輔導主任表示我孩子的學區並不在○○國中，學校中沒有一個老師願意接納我的孩子，這位老師是大家（包括校長）花了好多時間拜託，才願意的。可是，這位導師她並沒有把握是否能給我的孩子合適的照顧，她建議我轉到別的學校，其實在那個當下，我就想再尋求其他願意接納孩子的合適安置學校。」

就在嘉嘉讀○○國中的第一天，媽媽已經不信任導師了。其實，○○國中的這位老師並沒有媽媽形容的那般「年輕漂亮」，這位導師已經任職十年以上，是位相當有經驗的國中老師，也是個嚴格執行班規的老師。怎料，「孩子不只一次的表示想轉學，在這個班級他很痛苦，老師不會處理和同學的關係，事情只會愈幫愈忙，愈來愈棘手，老師們並無法理解孩子的壓力，孩子只能消極的不去學校。」

這回嘉嘉讀××國中，媽媽認為她不再主導了，想讓孩子自己決定。可是，自己的那顆心仍然沒有放下。媽媽習慣性的認為一般

的老師是難以理解他們母子，無法感同身受的。因此，難以對老師有信任感。「你們並不了解，我們所經過的生命歷程帶給我和孩子，所學習到的能力與智慧。我們兩個並不像外表所呈現的堅強（強勢），青春期的風暴是我和孩子現在必須勇敢經歷的生命過程。當我所能蒐集的資訊，包括所有研究論文、醫生、專家、學者、社團所提供的方法都無效時，做媽的所面臨的無助與恐慌是前所未有的。」

「看到孩子在我精心為他挑選的環境中跌跌撞撞、傷痕累累，我除了能在醫生面前放聲痛哭外，竟束手無策，醫生告訴我必須堅強，不要讓孩子看到妳的無助與恐慌，孩子需要倚靠妳的帶領，若倒下來孩子會更害怕無助，眼淚擦擦，我給妳開個藥吃，會幫助妳舒服點。醫生說他必須將我推回現實面，除了勇敢前進外，我沒有其他選項。面對問題讓自己保持點彈性空間與幽默感，不預設立場、不要太嚴肅地面對生命。我還必須在孩子面前保持樂觀，喜悅地和他以開放的心情來討論我們所正在經歷的。我做不到，我必須承認自己的有限，尋求專業的幫助，透過不斷的衝突與反思，我和孩子很清楚明白目前正面臨的困難，這個困難是我們沒有足夠的能力處理困難後所帶來的衝擊與傷害。此時的我們還沒準備好也不夠強壯可以面對，所以我們選擇好好保護這個困難，並築起城堡好好保護以減少不必要的傷害，我們本能地發出求救，我們需要專業的協助來幫助孩子成長。」

媽媽內心充滿了矛盾，自己無法解決問題，又不相信別人可以幫她解決問題，習慣性地讓自己處在這樣進退維谷的困境裡，像是俗稱的自艾自憐。當人處在這樣的困境中，有著莫名的撫慰作用，可輕舔傷口，等待救援，為自己的過去經驗療傷。此時，媽媽需要的是一位即使遭她白眼，仍願意接納她，不放棄她的人。讓她有時間，用自己的力量站起來。「給我們點時間與緩衝的空間，我們會去面對所有該面對的事情，並學到社會適應的能力與成長的智慧。」

我是豔寶寶，為什麼硬要我吃蘋果？

對嘉嘉，媽媽也不斷告誡自己：「我的孩子很清楚他自己需要的是什麼，我只要儘可能在旁協助他面對自己的人生課題，讓他自己學習如何靠著自己的力量在環境中求生存，自己去爭取屬於他自己該有的學習環境與需求，不再是以媽媽的角度幫他選擇並承擔，做媽的我現在唯一能做的是陪著他建立信心、鼓勵他，並相信他可以接受即將來臨的任何可能，要高興的是孩子長大了，不是嗎？」

當然，媽媽內心是相當交戰的。私下，媽媽與嘉嘉間的衝突與爭執是不間斷的，媽媽覺得自己的精神狀態正面臨崩潰，常夾在孩子與老師之間，在不斷發生的誤會、衝突與矛盾中掙扎，不知該如何處理。

「孩子向我所說的問題點，常常和老師所描述的完全不一樣。」媽媽為了解決此困擾，要嘉嘉隨身帶著錄音機，記錄他一整天所發生的事。同時，也可在面臨問題時，能夠有所本的去尋求專家的協助。

媽媽常固定向一、兩位大學教授請益，也常做出一些結論處遇策略。可是，「仍和孩子的班導師完全無法得到共識與溝通，常常雞同鴨講，各自表述不歡而散」。

現在，媽媽的結論是：「一個對 ADHD 沒有經驗又沒有足夠時間的導師，對大家都是傷害，更嚴重的是，學校的行政體系及處理態度並沒有要幫孩子找到真正的需求，以解決問題。只是一再地責怪孩子，將一切的錯都推給家長和孩子。」

媽媽覺得那次的 IEP 會議像批鬥大會：「不過這讓我有機會反思內心深層的自己，我常常帶著主觀的意識與思考模式，孩子發生衝突事件，我總是在第一時間內，很緊張地以自己的觀點想處理事件，結果『公親變事主』，同時也剝奪了孩子解決問題的能力。我會學習試著和孩子溝通，試著和孩子討論出他真正內心的想望，對孩子不要太心急，一直想幫孩子解決問題。」

嘉嘉一開始可是信誓旦旦地向媽媽表示，他決定中輟，要自學想學的部分，認為自己有能力獨立規劃自己的國中生涯。自己也上網找了自學團體教室，也打電話去問了學費。結果媽媽每天看著他

睡到自然醒，坐在亂成一團的書桌前，邊搖著椅子邊搖頭晃腦地看著從圖書館借回來的書。三更半夜不睡覺。

「每次看到他這副德行，我要不斷地提醒自己，老媽的雞婆性格不要不自主地跑出來。後來，他自己告訴我，他還是想回學校體系，因為自己一個人有很多事情是沒辦法完成。我慢慢學著讓自己抽離出媽媽的角色，用觀察研究的角度去看 ADHD 孩子。我自己的觀察經驗是，對 ADHD 的孩子而言，計畫永遠趕不上變化，ADHD的研究資料或書籍所提供的只是參考，並非不變的定律，我秉持的理念是如何讓孩子看到真正自己的需求。」

嘉嘉對媽媽說：「我明明是蠶寶寶，愛吃的是桑葉，你硬要給我吃蘋果，然後一直不斷告訴我，蘋果有多好，威脅利誘地強迫我要去吃，去吃了讓我不舒服的食物，我不喜歡也不願意吃。」

「做家長的會以自己的角度去評估孩子的需求，而忽略去傾聽、去認識孩子真正內心的想望，總是自以為是地去替孩子做了很多的安排與計畫。老是埋怨地對孩子說，我這麼辛苦做了這麼多事，到底為的是什麼？被氣得半死，孩子還是不領情，一再地為孩子做很多事，一再地讓自己當豬八戒，裡外不是人，天下父母心啊！」

媽媽現在回想起之前嘉嘉在私中的適應情形，也會自省地表示：「其實孩子平時過得很快樂自在（在那個私中），雖然當嘉嘉與人發生衝突時，就急著轉向我身邊。其實他自己可以處理得很好，也很不願意回來台中。」

對立性反抗行為的馴化策略

從嘉嘉對同學、班導師、級任老師及訓導主任的應對模式，可以清楚看到嘉嘉已經明顯表現出很多的對抗性反抗行為。已經習慣性地帶著敵意面對大人，尤其是一開始就以高壓方式要求他的人。有一回，國文老師要求他寫讀書心得，但是不能選雜誌當閱讀材料，必須選一般的書籍當閱讀材料，然後寫下個人的讀後感在學習單上。可是，嘉嘉不願意，不服從老師的要求，仍然逕自拿本雜誌來讀，甚至跟老師說：「我只要有交學習單給你就好了，不用管我

讀的是什麼。」除此之外，國文老師同時也指出許多嘉嘉的其他反抗行為，包括嘉嘉不與其他同學一起行動，當大家（所有同學及老師）須轉換其他學習場域時，嘉嘉仍然自顧自地做自己的事，不理會老師的指示。

ADHD 的孩子有高達 65%伴隨對立性反抗疾患（Oppositional Defiant Disorder, ODD），即容易出現不順從、好爭辯、愛發脾氣、違抗指示、自己犯錯卻怪罪別人……等行為，而且大部分有 ODD 的孩子，會發展成品行疾患（Conduct Disorder, CD）（註 1）。如果早期（12 歲前）即發生 CD 症狀，則是日後犯罪行為的重要預測因子。另外，ADHD 患者有 10%至 20%伴有反社會性格疾患（註 2）。儘管如此，家長不用過於擔心。雖有研究指出，物質濫用、反社會行為，甚至犯罪行為都是 ADHD 成人較為人所知的問題（Hechtman, Weiss, & Perlman, 1984）。然而，這些問題不是十分普及的現象，較可能僅見於某一類的 ADHD 患者之中，例如：ADHD 兒童中具攻擊性之子群（Aggressive Subgroup），長大才較容易表現出物質濫用和反社會行為（Claude & Firestone, 1995）。

因此，如果孩子只是在成長過程中伴隨出現 ODD 的行為，家長只要儘早修正自身的教養態度及方式即有很大的成效。當然，孩子本身如有其他成人加以開導，成效更佳。

家長需要和孩子重新建立良好關係，不要吝惜再次給予孩子正向關愛。回想當初，你家的小寶貝剛開始搖搖晃晃學走路時，你們總能滿心歡喜地為他踏出的一小步大力鼓掌，不吝喝采。「你好棒喔！你會走路了耶！」可是，當孩子好不容易已經長大成為國中生了，我們卻只會不斷嫌棄孩子處處做不好。「都跟你講了好幾次了，你怎麼永遠都學不會。」「昨天明明這題數學已經複習過，為什麼你還是算錯。」「叫你每天回家，要先把餐具拿出來，放在流理台上給我洗，你怎麼都不聽，那麼懶！」「你怎麼講話那麼沒禮貌，你這是什麼態度！」

我們已經用不對的方式在愛我們的孩子了，而孩子也永遠無法體會到這種打罵的「愛」。我們需要修正，需要把當初孩子幼年時所能感受到的那種不計較的愛再次給孩子，孩子才會再次投入我們的懷裡。

可是，現在孩子已經長大了，怎麼辦？首先，要讓孩子有時間將情緒平靜下來，讓孩子沉澱、消氣，不要急著在孩子盛怒之下壓制他。讓他靜一靜，即使他獨自躲在房間也可以。不要忘了，從門下遞進紙條，告訴他：「晚一點，如果餓了，電鍋裡有飯菜，記得吃。」讓他感覺到「我們愛你，絕不會放棄你。」

隔天或之後，讓孩子有機會傾吐心聲，說一說當初的怨氣，讓他知道爸媽需要你說出來，才能了解你，才不會誤解你，否則爸媽只會常常自編理由誤會你，讓你覺得委屈，被冤枉。孩子只要願意表達自己所在意的點，且被爸媽諒解了，親子的良好關係才會建立。孩子的發脾氣的次數就會減少，因為他可以用「說」的了，不需動用到「發脾氣」來解決問題。

此外，在尋求認同上，ADHD孩童在小學時期有時還能受到老師的關愛，但進入國中之後，受到的關愛就相對減少很多（因為老師的角色已經由導師變成科任老師了），一有狀況還會被老師送到訓導處，重者被記過，心裡很不是滋味。一旦被家長知道，又會再次受到責備。此時，如果又遭到同儕的排擠，被不愛讀書的同學捉弄，有事沒事的捉住他的ADHD症狀弱點（如易分心等）取笑他，這樣一來孩子就更被孤立了，如同嘉嘉一樣。此時，由行為及人際困難所衍生的適應問題，會比 ADHD 主要症狀所帶來的困擾更為嚴重，而生活適應的重要性永遠在課業學習之上。

社交技巧的協助

當我詢問嘉嘉自身對學校老師及同學的觀感時，嘉嘉最在意的是同學排擠他，經常挑他毛病，讓他很不服。嘉嘉語氣相當不屑地說：「他們嫌我摳指甲髒，難道他們吐口水就不髒嗎？」

「那你覺得同學對你不好，你跟同學間的關係不好，你有沒有做不好的地方，你覺得你可以怎麼做？」

嘉嘉靜默一會兒，然後衝出口說：「難道要我直接走在路上，跟他要電話，這樣不是很怪嗎？然後，直接跟他們說，我是個怎樣怎樣的人嗎？這樣不是很怪嗎？」

所以，嘉嘉的社交技巧很差，不知道友誼形成的過程，當然也

就不知道建立友誼的方法。譬如：友誼是由淺交到深交，需要慢慢地，一點一滴地經營及培養起來，無法急就章，馬上就直接達到自己想要的地步。也可看出，ADHD青少年仍然維持著「急」、「衝動」、「沒耐心」的性子。因此，ADHD青少年需要學習有效的社交技巧，尤其是學習在特定的場合，如何說開場白、場面話、客套話，刻意學習「你可不可以……（借我筆記）？」「不好意思，我可以坐這邊嗎？」「對不起！打擾到大家了。」等等有用的社交用語。這些一般人自然而然就學會的社交用語，ADHD孩子卻必須刻意學習才會。家長及老師一旦了解到 ADHD 患者這樣的特性後，就該接納他們，耐著性子好好教導他們，改善他們的社交技巧，他們真的少了這根筋。

暫時落幕

嘉嘉轉到新學校十天後，媽媽捎來平安信。「到目前為止，我的孩子在××國中適應得還不錯，每天開開心心地上學，也沒有和同學發生衝突，入學的第三天，××國中即馬上招開IEP會議，輔導主任、特教老師、班上全部任課老師和我一起討論孩子的需求、應注意的事項及各科任課老師能提供的協助，到目前為止，孩子的適應狀況良好，全班同學對他友善，沒有排擠他，孩子每天快快樂樂上學，很高興的和我談論著任課老師對他的幫忙，學校老師很照顧我的孩子，大家都很努力的盡力幫忙他，協助他跟上班上同學的進度。」

註 1：品行疾患（Conduct Disorder）。品行疾患是一種好發於兒童及青少年時期的行為問題，其基本特質是侵害他人基本權益或違反與其年齡相稱的主要社會標準或規範的一種重複而持續的行為模式。依據初發年齡，可將品行疾患分成兒童期初發型及青春期初發型兩個亞型。*DSM-IV* 對品行疾患的診斷標準如下：

過去一年，下列行為出現三種以上，或是過去的六個月中，

出現一種以上：

（一）攻擊他人或動物。

（二）破壞財產。

（三）詐欺或偷竊。

（四）嚴重違反規範。

1. 經常不顧父母禁止，夜間在外遊蕩，且在 13 歲之前即開始。

2. 住在父母家中或監護人家中時，至少兩次逃家在外過夜（或僅一次，但相當長時間未返家）。

3. 常逃學，13 歲前即開始。

註 2：反社會性格疾患（Antisocial Personality Disorder）。指的是對他人權益不尊重及有侵犯的模式，且此模式開始於兒童期或青春期早期，一直延續進入成年期。也就是，反社會性格的人，不接受社會規範限制，任意做心裡想做的事，毫無社會意識，缺乏道德感。通常症狀在青少年期已覺察，持續到成年期，之後其影響逐漸減弱。盛行率的研究指出反社會人格疾患的發病率，男性約 3 %，女性約 1 %。其診斷重點如下：

（一）15 歲開始，對於他人權益不尊重及侵犯的廣泛模式表現出下列各項中的三項：

1. 不能符合社會一般規範對守法的要求。表現在一再做出會被逮捕的行為。
2. 狡詐虛偽。表現在一再說謊，使用化名，或為自己的利益或娛樂而欺騙愚弄他人。
3. 做事衝動或不能事先計畫。
4. 易怒且好攻擊。表現在一再打架或攻擊他人身體。
5. 行事魯莽。無視自己或他人的安全（像超速駕車）。
6. 長久的無責任感。表現在一再無法維持長久的工作或信守財物上的承諾（亂開空頭支票）。
7. 缺乏良心自責，表現於對傷害、虐待他人或偷竊他人財物都覺得無所謂，或將其合理化。

（二）個案目前年齡至少 18 歲。

（三）證據顯示個案 15 歲以前為品行疾患（CD）的患者。

（四）反社會行為非僅發生於精神分裂病或躁狂發作的病程中。

受欺凌的國中過動兒

您不要以為都是過動兒欺壓同學。

大婷已經是國中二年級要升三年級的大女生了，本身跟弟弟一樣是個 ADHD 患者。但是，現在她已經不像小學三年級的弟弟那樣好動了。剩下的症狀只有注意力不足，平常同樣服用利他能。目前最大的困擾反倒是人際關係上的困難。媽媽特別告訴我她有這方面的困擾，希望我幫忙，跟她聊聊，了解一下她現在的想法、感觸，因為有些事她不跟媽媽說。把門帶上，將媽媽隔離在門外，我利用幾分鐘企圖快速找到原因。

「妳媽媽說妳最近心情一直很低落，真的嗎？為什麼？是同學的事嗎？」我直截了當地問。

她點點頭，然後就說：「我們班有十幾個問題學生，他們愛欺負人。很愛說自己怎樣又怎樣（了不起之類的事），其實他們自己又沒有什麼。」

「那他們怎麼欺負妳？」

「我們導師為了讓各科老師知道同學的座位和名字，要大家繳一張大頭照，依座位位置做了一張大座位表放在講桌前，給科任老師看。其中一張同學的照片就被他們拿走，貼在牆壁上，用筆在照片的左右上角畫上兩條黑粗線，然後用香拜（把她當死者遺照拜），同學看了都在笑。……也有人的照片被畫上豬耳朵、眼鏡、頭髮等等。還有同學的腳踏車會被牽走、藏起來，害他放學時找不到，沒辦法回家。」

「老師根本管不動。老師講話都很直，都直接罵他們。可是，愈罵他們，他們就愈故意，甚至會針對那個老師，捉弄他。上課的時候，故意搗蛋，講話很大聲，說有的沒有的，上課不配合……。甚至跟老師嗆：『你要記小過或是大過都沒關係，反正我也不缺那一支。』」

她繼續補充，強調他們這群常被欺負的同學心底的無奈。她把我帶回我的國中時代，國中時，大夥不也曾或多或少遭到同學的欺負。我國中時，讀所謂的「好班」，有一天走在校園的走廊上，就忽然遭到一名別班的同學用書本從我的後腦杓大力地一擊，同時大聲吆喝說：「很會讀書喔！」隨之逃之夭夭，這讓我記憶深刻到現在。

「那同學都怎麼欺負妳？」我再次追問。

「他們亂取我綽號。」大婷終於開口了。

「什麼綽號？」

「我根本就沒有做過那種動作，他們就說我有。還到別班模仿我的行為，表演給別班的同學看，說我的綽號。」這時，她已經眼眶泛紅開始啜泣了。

「他們幫妳取什麼綽號？」一開始我就感覺到她一直迴避自己是如何被欺負的，都先說別人是如何被那些同學欺負的。但是，考慮到只有她願意勇敢地在別人面前面對這個難堪的綽號，才能釋放壓抑在內心深處的苦楚。我最後還是殘忍的問了。

「鼻屎……王。」她已經哽咽地說得好不清楚，不斷接過我遞給她的衛生紙，不斷往鼻頭擦拭。

「有一次，他們還在老師面前模仿，要老師猜，老師不知道指

的是哪個同學，大家就一直在笑……」

「妳很想打他們。對不對？」

因為她是過動兒，所以，她內心應該有股衝動，想反擊。她忍一下流淚，無助地點點頭，我想她此刻找到了解她的人了。

「可是，我不敢。如果我反抗他們其中一個人，他們就會聯合起來欺負我。如果有人站在我這邊，就會一起被欺負。」

我體會到她的苦了，那種內心交戰。一方面被老師和隔壁同學一直取笑（完全沒有形象），一方面又得壓制自己天生想反擊的心情。

如果一個沒有伴隨對立性反抗行為的過動兒，在父母、老師的適性教育下，通常上了國中之後，過動症狀會緩解，剩下思考上的衝動、明顯的注意力不足及執行功能不佳等症狀。目前有學者已經指出 ADHD 的症狀及執行功能不佳問題都會隨年齡增長而改善（Hill & Schoener, 1996）（註）。但是，如果本身學習能力普通，甚至不好，國中階段起就很可能被能力強的壞同學（調皮搗蛋）欺負，如果再加上壞同學很多個，那就絲毫沒有反擊的空間了。一般國中普通班都會有一、兩個比較調皮的學生，可以帶來一些上課樂趣，但是一旦這樣的孩子爆增到十幾個，那就結黨成社，很有勢力了。而大婷正處於最糟的處境，她怎麼會願意再待在那個班、那個學校呢？

她開始停止哭泣地說：「我們班一年級時就轉走五個同學，二年級時又轉走兩個。本來班上有一個很壞的學生在升二年級時轉走了，班上情況有好一點，可是後來他又轉回來了。現在就很糟糕了。」

「妳也想轉走？」

她再次委屈地點點頭：「我想轉去○○國中（鄰近的一所國中），那裡有我小一到小四的同學，如果有事，我可以找他們。我一到四年級讀的是另外一所國小，學區跟現在讀的國中不一樣。」

「妳媽媽同意妳轉學嗎？」

「媽媽說，都只剩一個年級了，換新學校要跟著換新書包、新制服，很浪費，叫我不要理他們，忍一忍就好了。」

可是，她真的好想轉學，她實在待不住那個學校了。後來，我轉述她的心理歷程給媽媽聽，希望媽媽可以了解一個國中女生的心

理，能夠接納她。

國中生或該說是青春期的孩子，有一項明顯的心理特徵就是「很在意外界的眼光」，這一點同樣會發生在 ADHD 患者身上，或許會晚一、兩年，但是ADHD孩子也是會經歷這樣的心理歷程。這個時期的孩子很重視自己的外表，好比會刻意在書包上畫上自認為很酷的圖案、在衣服上加上特有的配件、臉上長了個小到不行的痘子就得用貼布遮住才能出門等等。同樣道理，這時期的孩子會放大別人與自己的互動，好比不認識的女生看了自己一眼，就會以為那個女生在瞪自己或對自己有意思，接著會把這樁重大的事件告訴至親好友。兒童心理學家 Erikson 稱這時期的孩子處於自我認同階段，這階段的青少年會問類似「我是怎麼樣的一個人？人生的目的是什麼？我的人生該是什麼樣？我未來可以做什麼？」的問題。如果在這階段無法順利完成，達到角色定位及自我認同，就可能迷失自我，不清楚自己的價值在哪，造成自我角色混亂。所以，當壞同學在老師及別班同學面前取笑大婷時，她除了覺得自己好委屈之外，她會開始喪失自信心，甚至會認為自己是個被同學看不起，沒有價值的人，將自己的角色定位在不愛乾淨、不聰明的女生。

另外，ADHD患者常會因自己的症狀，無意識地做一些重複性的小動作，自己並不自覺。像是無意識地邊挖鼻孔、咬手指頭，邊讀書或看電視。因為這些重複性的小動作會讓他們的生理狀態得到平靜，所以他們會不自主地這樣做。經過旁人明確指出，才會自覺到。有部分心理學家認為 ADHD 兒童具較高的刺激閾值（high stimulation threshold）（Zentall & Zentall, 1976, 1983），因此，他們需要不斷從事肢體活動（無論大小動作），以尋求刺激，使得體內的生理喚醒水準（arousal level）高過所需的閾值（門檻），才能感到舒服，得到平靜。所以，當他們必須坐下來、靜下來聽講時，會感到不舒服，因為生理活動水準低於閾值，因此，他們需要伸手觸摸（觸覺）其他物品，包括自己的身體，來提高生理喚醒水準，但這種方式常不被學校老師允許而遭受處罰。好比有個過動兒，同樣是國中生，但是他成績很好，他的小動作是用手指轉筆，無論是上課聽講或是考試時，只要他需要專心注意時，他就會不自主地用手轉筆，如此一來他可以專心吸收理解老師所講的內容，專心解考

題把答案寫對。可是，麻煩的是他常常轉筆轉到掉在地上，有時會飛打到同學而影響同學，或必須起身撿筆影響上課，老師只好將他的座位搬離同學遠一點。所以，老師們要懂得如何跟過動兒的這個小動作和平相處，讓他們可以「專心」，而不是只是壓制他的小動作。

過了一陣子，開學了。在過動症協會舉辦的演講活動上又遇上了大婷和媽媽，只見媽媽認真地聽講，大婷則是自發性、認真地寫功課。心裡覺得很寬慰，因為大婷國三了，成績雖然不怎麼理想，還願意星期六下午帶著作業跟著媽媽出來邊聽演講、邊寫功課。後來知道大婷並沒有轉學，仍然待在那個班。

媽媽說：「她那一次（與我晤談）回家後，跟她溝通轉學的事，她心情就平穩很多了。就告訴她，轉到另一個國中又不認識多少人，也不見得好。剩一年了，就要考基測了，安心準備功課，可能比較好。……她常這樣，情緒來得快，去得也快。」

大婷說：「現在我們班分兩邊，想讀書一邊，不想讀書的一邊，就好很多了。」

確實，ADHD孩子的情緒來得快、去得也快。但是主要是我們接納了他（她）的情緒，情緒宣洩了，心情就平穩了。

註：ADHD症狀會隨年齡增長而有所改善，但有個別差異，可能是後天接受的重塑過程不一使然，有人際遇較好，有人較差。Hill和Schoener（1996）整理出ADHD症狀會隨年齡增長而改善的曲線，如圖7所示。25歲時，ADHD 的症狀只剩下10%左右。

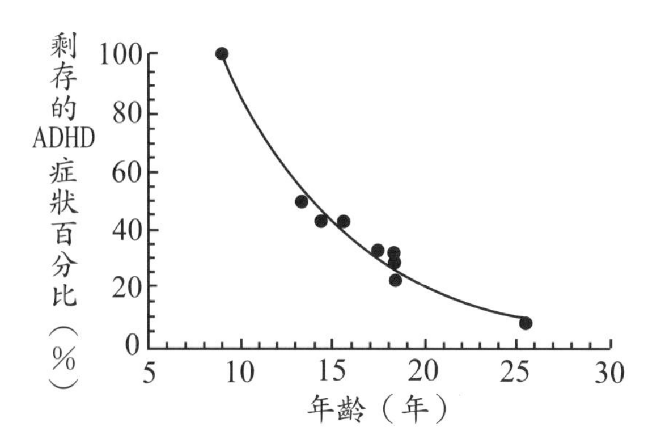

圖7　ADHD 症狀會隨年齡增長而有所減少。本圖仿自 Hill 和 Schoener（1996）的論文。

我讀研究所，我很焦慮

ADHD 兒童在求學過程中中輟的比例不少，因為對年輕的 ADHD 患者而言，由結構化的高中生活轉換到非結構化的大學生活，執行功能將格外受到挑戰（Wolf, 2001）。Wolf（2001）認為大學生的課業負擔較重，且修課時間及科目可以自由安排，尤其是有些異動的課程在幾個月前即通知，屆時不再做格外明顯的知會。因此，在欠缺父母督導下，大學生活特別需要計畫及組織能力，以應付較彈性的生活。所以，較差的時間管理能力、無法準時交報告及東西雜亂無章等，都是 ADHD 成人常見的課業問題。相對的，ADHD 兒童有父母及師長督促，加上處在高度安排好的結構環境中，比較不會出現執行功能困難。也因此，能進入大專院校的 ADHD 患者很少，Barkley 和 Murphy（2006）指出，大部分的 ADHD 患者會在學校遭遇困難，30%至 50%的 ADHD 患者曾經留級一次，25%至 36%則從未完成高中學業。而只有 1%至 5%的 ADHD學生得以進入大專（Jones, Kalivoda, & Higbee, 1997; Richard, 1995）。

瑋均是少數進入研究所的 ADD 患者（ADHD 的一種亞型），二技（幼保科）畢業之後第三年，研究所考了三年，最後一年終於考上台中教育大學特教所。瑋均對能進入研究所就讀是既期待又怕受傷害，深怕自己會應付不來，但攻讀特殊教育領域的知識又是她的心願。所以，瑋均入學後尋找學校的特教資源，想求個心安。這是相當正確的做法，勇於表達自己的困難，尋求協助、克服困境，才能達到目標。可是，瑋均一開始卻無法完整且有條理地向人表達出自己需要協助的地方。因為，瑋均一直以來就有類似於學習障礙生的語言表達困難，也就是，總是辭不達意地說不清楚自己的意思，甚至等自己說完之後，自己聽了都覺得好笑。

語言表達困難

經過了與朋友的對答，瑋均才拼湊出自己的學習困難點。瑋均在書寫表達時，常常有「心有千萬語，難寫半個字」的辛酸。當課堂上被要求分享或討論時，瑋均總是想法很多，卻無從表達起。還有被要求交心得報告時，老師規定要交兩頁，瑋均就會在心裡嘀咕：「一百個字都寫不出來，哪來兩頁。」打字的時候，常常因為想一個字想很久，想不出來，最後也忘了原本想寫的那一段內容是什麼了。

為什麼會這樣？瑋均認為她傾向以圖像方式來思考問題，但是當要對這些畫面內容轉成文句描述時，就發生了困難，這是對事物命名（naming）的困難。所以，當她被問及一個問題時，在腦海中已經以圖像思考的方式得到了答案，可是，就難以轉為適當的語彙表達出來，真是冤枉。有時甚至字形已經浮現在腦海裡了，可是就是無法說出正確的讀音。所以，很有可能是瑋均的大腦在進行文字產出時，其中的形音轉換過程也受損使然。這樣的形音轉換出問題

圖 8　瑋均筆記中的「鵬程萬里」，即「捧橙萬里」，意指有個人捧著柳橙跑萬里。瑋均就可以大概理解此成語的意義。

也顯現在同音異字的聯想上，瑋均經常可以輕易將所聽到字聲轉成其他同音異字上，如「鵬程萬里」轉成「捧橙萬里」，如圖 8 所示。雖然這有利於聯想成圖像形成意義，但是，正確的字詞可能就無法與正確的語意聯繫在一起了，使得下次作文時，真的寫出「捧橙萬里」。其實，這類混淆錯誤也可能是因為形音轉換過程受損使然。

有趣的是，瑋均的字裡行間會時而出現「我需要課業的『提導（提醒與教導）』」，瑋均認為她常會過度自動濃縮字詞，最後會

連自己都搞不懂自己寫的是什麼意思。這種情況會影響到瑋均，有時無法理解自己的上課筆記內容及考試時的書寫表達等。

研究所課程通常會以申論題方式考試，或是要求研究生以書面報告方式，寫個小論文或是文獻回顧。瑋均常遇到的困難就是不懂得如何組織，只是將零碎的想法全散在紙上。如果可以使用電腦書寫報告，則可以用拼圖方式慢慢組織起來。如果是以紙筆方式考申論題就完蛋了，「就無法實際且正確地表達我自己的意思及我所理解的內容」。

瑋均的另一項語言表達現象，是她經常需要在有人不斷追問的情境下，才能深入地表達出自己的想法。平常講話的時候，有時也會，但不是經常如此。可是，在考試或討論時，就只能問一項，答一項，不能主動多答或多說一些。如此一來，就顯得「表現不好」，老師可能會覺得瑋均懂得很少，會的不多。

所以，瑋均除了語詞產出有困難之外，要對所產出的語詞加以組織也有所困難，這使得瑋均的語言表達能力大打折扣。瑋均組織能力較弱的現象與目前學者的研究結果相一致，因為組織能力就是執行功能之一，而 ADHD 患者執行功能不佳的現象已廣為所知。至於 ADHD 患者為何語詞產出困難，目前學者了解不多，也還沒有一致的看法。

瑋均目前仍然有服用利他能，雖然之前就讀二技時，不是每天按時服用，而是自覺待會兒需要動用大量的專注力或自身情況不佳時，才在半小時前服用。「我要做事情之前，會先評估自己的狀況，如果前一天沒睡好，精神不佳，而且做的工作需要我專心的時候，我就會服藥。如果不重要的事情或是不會影響我做事情，就不會服藥。」可是，上了研究所後，就幾乎得每天服用利他能，因為研究所的課程要求比較重。

瑋均覺得藥物在提升她的專注力方面效果相當不錯，寫的字會比較工整，而且抄寫速度也會較快，筆記也做得比較好。語詞產出困難的現象似乎在研究所期間出現的情況也少了一些，瑋均不知道這是因為現在規律吃藥的結果，或者是因為研究所大都是以打字方式交報告，在電腦上可以透過選字的方式打出正確的字。

但是藥物仍然無法改變她的組織與計畫能力，而且會覺得自己比較沒有創意，所寫的報告量仍然較少。上研究所的課時，也很怕遇到會要求學生腦力激盪的老師，因為怕會點名，卻又回答不出跟同學不一樣的答案。所以，並不是吃了藥，什麼問題都沒了，她仍需要學校資源教室的協助。

吃力的閱讀

在閱讀時，當所看的文章出現密密麻麻的文字時，如英文論文的字體排版方式，瑋均就無法處理了。因為，當兩個英文字的外觀很像時（如board和bread），瑋均看起來就會是一樣，都是前後高高的且中間平平的樣子。另外，瑋均在閱讀時，也會有跳行及跳字的情況出現，這使得她在閱讀、書寫報告及打字時，常需要利用輔具（尺或紙）協助，一行一行逐行遮掩，一行一行逐行慢慢地看，才不會看錯。

瑋均以上的閱讀困境其實很像部分閱讀障礙者的閱讀行為，有不少學者認為這種現象意味著他們的視覺處理效率較差，尤其是大腦背側的視空間處理系統（dorsal visual system）。甚至可追溯至他們視神經傳導路徑過程中的側膝核（lateral geniculate nucleus）上的巨細胞受損使然（如李宏鎰、吳歡鵲、黃淑琦、趙家嬅，2005）。

瑋均的焦慮

由於表達困難，瑋均擔心自己在課堂討論及交報告上會表現不佳，難以勝任研究所的課程要求，所以顯得焦慮。雖然交報告可以用電腦方式加以排列組織，稍微改善，可是，最大的困擾是當同時要交很多大小報告時，瑋均就慌了，總是覺得無法在老師所要求的時間內好好完成，最後總是草草了事。

「一個大報告跟一個小報告，其實大報告應該先做。但是我的認知是小報告在前面（小報告先做），所以每次大報告就只剩下一點點時間可以做。所以我希望我的報告不要擠在一起，最好不要是在期中考或是期末考那週，我會爆掉。」瑋均很在意這個困擾，因為她隔了幾個月後又向我重提這個問題。很不幸地，幾乎所有研究

所的課程要求，都是在期中或期末交個報告，造成所有修課報告都會擠在一起，這就是研究所的特色。

「我很想去跟教授講我的困難，但是因為我講不出來，也怕沒辦法控制我的情緒。我最近講到這個就忍不住會掉眼淚，沒辦法控制，導致根本沒辦法跟教授溝通啊！」

瑋均總是在急的時候說：「我快哭了啦！」

ADHD成人表達能力如此之差，ADHD兒童就可見一斑了。如果你問 ADHD 兒童，你覺得你為什麼會這樣？他一定會跟你說：「我不知道。」如果是青少年就會不講話，或是不看著你說：「你問我，我問誰啊！」如果你進一步指出他的困難點，問他該怎麼辦？他又是說：「不知道。」或是說：「我就是沒辦法控制我自己。」一個二年級的小朋友索性笑著跟我說：「自我了斷。」ADHD 患者的內心好無助，不是嗎？

瑋均小時候就會覺得功課很多，寫不完。甚至會向父母謊稱沒有功課，或少說個一、兩項。到了國中，功課太難了，就索性放棄。可是長大後，讀二技時，就開始會焦慮，那時候不會也不能用說謊的方式來逃避（可能是長大懂事了），所以只能怕功課無法完成而焦慮。考研究所的那段期間尤其嚴重，甚至焦慮到會頭痛、手痛，總是擔心書讀不完，「怎麼一天都快過完了，書都念不完」。現在讀研究所了，變成擔心報告來不及做完。

在服務 ADHD 孩子的過程中，我常看到自己的幸運。回想兒時，我也是個溫吞的小孩，小學四年級之前，我的成績總是維持在中下程度，考試時我總覺得時間不夠用，總是在考試中害怕寫不完。怎麼同學都寫完了，而我還是寫不完。望著沒寫完的考卷被無情地收走，真的好懊惱。在同學家，與同學一起比賽寫功課，我也總是最後一個才寫完，我總須面對我是最後一個才寫完的窘境。幸運的是，我有個好父親，我清楚記得他總是平和地告訴我：「大家同樣是人，別人做得到，我們也做得到。別人一次就做得到，我們就多做幾次，早晚也會做得到。」我銘記在心，總是不斷地、不斷地努力，利用別人不讀書的時間，多讀幾遍，慢慢地我也跟上大家了。所以，我好希望大家多鼓勵這些動作慢的孩子，多給他們機會，他們會跟上的。你們可以罵我們，但是不要不給我們機會。

一些可以幫瑋均的方法

我教導 ADHD 患者的學習適應策略，大都是教他們如何在夾縫中求生存，因為我實在無法改變大環境的要求，而且大環境的諸多要求永遠是改不完的。

首先，對於經常需要做筆記的大學生或研究生而言，可以用錄音及照相的方式做筆記，並不一定需要刻意學習一般人做筆記的方式。現在科技進步，數位錄音筆及照相機相當普遍，這些電子資料都可以隨時播放出來，很方便複習或整理。

再者，有了上課經驗之後，瑋均就會了解到，研究所大部分的科目都是要求期中或是期末交一份與該課程內容相關的報告。既然都是如此，就可以在上課後三、四週大概了解該科的課程內容之後，就開始著手先做一、兩科，屆時就比較不會趕了。

此外，大學資源教室的老師可當瑋均與任課教授之間的溝通橋樑，讓瑋均在較從容的情況下，向資源老師表述自己相關的學習困難點之後，再由資源老師與瑋均一起去向教授說明，如有疑問，當場可用一問一答的方式釐清。

最後，大學的資源教室領有教育部的身障經費，可以為瑋均聘請一位讀書效率高的學長姊或老師，個別指導瑋均讀書或寫報告的技巧，例如：如何有效閱讀英文論文、抓住重點。因為，瑋均很羨慕同學可以輕易抓住論文重點，但對瑋均而言，論文中的每一句都是重點，被要求報告時會直述論文的每一句，無法整理之。

瑋均的強項

雖然，瑋均有那麼多課業學習方面的困難，但是，瑋均也有很多強項。瑋均在入學前的工作是一名兒童美語老師，負責教導小朋友基本的英文字母及發音。瑋均所展現出來的就是她教學上的創意。瑋均說：「我會跟小朋友說：『oo在一起發"嗚"，因為o看起來像沒有眼睛和五官的臉，就像兩個小朋友拿布蓋住臉，扮鬼來嚇人，所以會發像鬼常發的聲音"嗚……"。』『"sh"它們兩個一個高一個矮，所以講話對方都聽不到，要喊很大聲才行，不過因為很

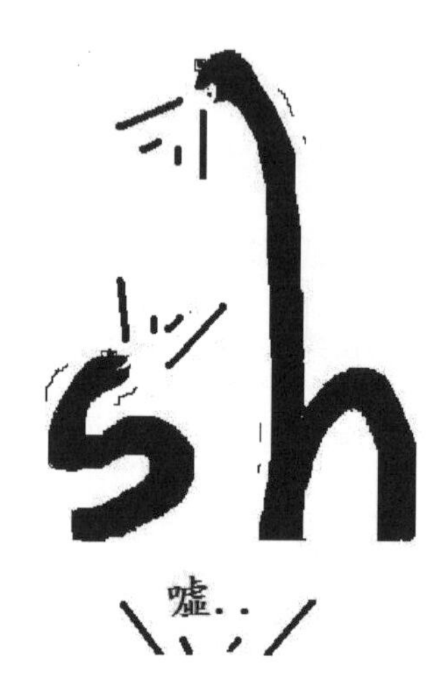

圖 9　記得了嗎？"sh"發「噓」的音。

吵，所以大家看到他們兩個都會發出"噓"的聲音，要它們兩個小聲一點。』」大家聽了之後，是不是很有畫面的感覺，瑋均總是以畫面來思考。圖 9 是我聽完之後的想像圖。

其實，這就是瑋均或大部分 ADHD 患者所展現出來的圖像思考能力的優勢，可見，圖像思考有時成了瑋均的缺點，有時也成了瑋均的優點。

中興大學有位副教授，也是受 ADHD 症狀的困擾，但是，她卻因為富創意的教學法受到學生的青睞、學校的肯定，加上她其他方面的成就，獲選為十大傑出女青年。

圖像思考的優勢也讓瑋均具有藝術方面的天分，隨時展現在生活之中，圖 10 就是瑋均在家為家人所做的菜色擺盤。可看出她的配色功力與俏皮。圖 11 則是瑋均為木盒所上的新衣，精細的線條反映出當下她對此的專注神情。這些都是常見於 ADHD 患者身上的天賦，優越的圖像思考能力及操作技巧。

現在瑋均也是服務 ADHD 孩子的志工，經常在赤子心過動症協會幫忙，教導 ADHD 的孩子讀繪本、畫繪本，甚至與秦郁涵共同製作了一本繪本，目的是讓ADHD孩子可以透過圖畫了解自己，接納自己，學習跟自己的症狀和平相處。

圖 10　瑋均的蔬果擺盤（由當事人提供）。

圖 11　瑋均的彩繪（由當事人提供）。

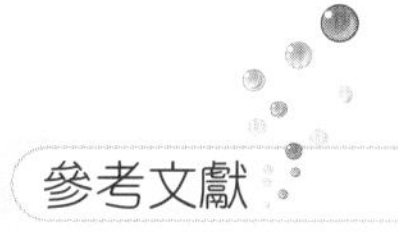

參考文獻

中文部分

李宏鎰、吳歡鵲、黃淑琦、趙家嬅（2005）。閱讀障礙者之視知覺探討。**中華心理衛生學刊，18**（3），21-37。

陳昭如（譯）（2010）。Bernstein, J.著。**10天內，培養專注力小孩**（修訂版）。台北：新手父母。

黃惠玲、趙家琛（譯）（2002）。Barkley 著。**不聽話的孩子——臨床衡鑑與親職訓練手冊**。台北：心理。

英文部分

Barkley, R. A., & Murphy, K. R. (2006). *Attention-deficit hyperactivity*

disorder: A clinical workbook (3rd ed.). New York: Guilford.

Claude, D., & Firestone, P. (1995). The development of ADHD boys: A 12-year follow-up. *Canadian Journal of Behavioral Science, 27,* 226-249.

Hechtman, L., Weiss, G., & Perlman, T. (1984). Hyperactives as young adults: Past and current substance abuse and antisocial behaviour. *American Journal of Orthopsychiatry, 54*(3), 415-425.

Hill, J. C., & Schoener, E. P. (1996). Age-dependent decline of attention-deficit hyperactivity disorder. *American Journal of Psychiatry, 153,* 1143-1146.

Jones, G. C., Kalivoda, K. S., & Higbee, J. L. (1997). College students with attention deficit disorder. *NASPA Journal, 34*(4), 262-274.

Kroese, J. M., Hynd, G. W., Knight, D. F., Hiemenz, J., & Hall, J. (2000). Clinical appraisal of spelling ability and its relationship to phonemic awareness (blending, segmenting, elision, and reversal), phonological memory and reading in reading disabled, ADHD and normal children. *Reading and Writing: An Interdisciplinary Journal, 13*, 105-131.

Mayes, S. D., Calhoun, S. L., & Crowell, E. W. (2000). Learning disabilities and ADHD: Overlapping spectrum disorders. *Journal of Learning Disabilities, 33,* 417-424.

Pfiffner, L. J., Barkley, R. A., & DuPaul, G. J. (2006). Treatment of ADHD in school settings. In R. A. Barkley (ed.), *Attention-deficit hyperactivity disorder: A handbook for diagnosis and treatment* (3rd ed.)(pp. 547-589). New York: Guilford Press.

Purdie, N., Hattie, J., & Carroll, A. (2002). A review of the research on interventions for attention deficit hyperactivity disorder: What works best? *Review of Educational Research, 72*(1), 61-99.

Richard, M. M. (1995). Pathways to success for the college student with ADD accommodations and preferred practices. *The Association on Higher Education and Disability - Journal of Postsecondary Learning Disability, 11*(2-3), 1-37.

Scahill, L., Carroll, D., & Burke, K. (2004). Methylphenidate: Mechanism of action and clinical update. *Journal of Child and Adolescent Psychiatric Nursing, 17*(2), 85-86.

Sonuga-Barke, E. J. S. (2003). The dual pathway model of AD/HD: An elaboration of neuro-developmental characteristics. *Neuroscience and Biobehavioural Reviews, 27* (7), 593-604.

Swanson, J. M., McBurnett, K., Wigal, T., Pfiffner, L. J., Lerner, M. A., Williams, L., Christian, D., Tamm, L., Willcutt, E., Crowley, K., Clevenger, W., Khouzam, N., Woo, C., Crinella, F. M., & Fisher, T. D. (1993). Effect of stimulant medication on children with attention deficit disorder: A "Review of Reviews". *Exceptional Children, 60,* 154-162.

Wolf, L. E. (2001). College students with ADHD and other hidden disabilities. *Annals of the New York Academy of Sciences, 931,* 385-395.

Zentall, S. S., & Zentall, T. R. (1976). Activity and task performance of hyperactive children as a function of environmental stimulation. *Journal of Consulting and Clinical Psychology, 44,* 693-697.

Zentall, S. S., & Zentall, T. R. (1983). Optimal stimulation: A model of disordered activity and performance in normal and deviant children. *Psychological Bulletin, 94,* 446-471.

筆記欄

筆記欄

筆記欄

筆記欄

國家圖書館出版品預行編目（CIP）資料

當媽媽遇見過動兒／李宏鎰著.--初版.--
臺北市：心理, 2011.03
面；　公分.--（特教故事系列；66003）

ISBN 978-986-191-423-7（平裝）

1.過動兒　2.通俗作品

173.16　　100002945

特教故事系列 66003

當媽媽遇見過動兒

作　　者：李宏鎰
執行編輯：李　晶
總 編 輯：林敬堯
發 行 人：洪有義
出 版 者：心理出版社股份有限公司
地　　址：台北市大安區和平東路一段 180 號 7 樓
電　　話：(02) 23671490
傳　　真：(02) 23671457
郵撥帳號：19293172　心理出版社股份有限公司
網　　址：http://www.psy.com.tw
電子信箱：psychoco@ms15.hinet.net
駐美代表：Lisa Wu（Tel: 973 546-5845）
排 版 者：辰皓國際出版製作有限公司
印 刷 者：辰皓國際出版製作有限公司
初版一刷：2011 年 3 月
初版二刷：2012 年 5 月
I S B N：978-986-191-423-7
定　　價：新台幣 250 元